샘박 **Sam Park** 지음

design **house**

돈을 쓰는 데 필요한 영어가 아니라
돈을 벌어올 수 있는 영어를 배우자!

영어로 30분 이상 말하기!

〈50 English〉가 처음 출간된 것은 2001년 11월이었다. 그동안 〈50 English 영문법〉, 〈50 English 종합반〉, 〈Kids 50 English〉 등 자매편이라고 할 수 있는 책들도 여러 권 나왔고, 100만명이 넘는 독자들과 만남으로써 '50 English' 영어 학습법이 성공적임을 충분히 입증했다. 특히 〈50 English〉는 일본, 중국, 대만 등으로 수출되어 그곳에서도 좋은 반응을 얻었으며 아직도 꾸준히 판매가 되고 있어 영어가 모국어가 아닌 사람들에게 유효한 영어 학습법임을 한번 더 실감케 하고 있다.

7년 만에 〈50 English〉의 전면 개정판인 〈50+50 English〉를 내면서 가장 중점을 둔 것은 영어 학습에 있어 구체적이고 입체적인 환경을 만들자는 것이었다. 〈50 English〉에서도 스토리 그림이 포함되고, 카세트테이프가 부록으로 제공되었지만 담을 수 있는 시간의 한계가 있어 저자의 강의를 다 담지는 못했었다.

이번 〈50+50 English〉를 내면서는 그림도 컬러로 바꾸면서 새로 그렸고, 무엇보다 200개 이상의 저자 강의를 동영상으로 만들어 DVD로 제공하고 있다. 〈50 English〉가 책을 중심으로 놓고 카세트테이프가 제공된 것이라면, 이번 〈50+50 English〉는 철저하게 동영상 강의를 중심으로 놓고 책이 구성되었다는 점에서 확실하게 차별화되고 진화되었다고 할 수 있다. 저자의 동영상 강의와

원어민 녹음 파일들을 듣고 보면서 함께 이 책 〈50+50 English〉를 본다면 마치 영어 개인교사가 옆에서 친절하게 하나하나 가르치고 부족한 부분을 채워주듯 입체적이고 구체적인 영어 학습 환경을 만들 수 있다.

보통 책을 읽으면 그 내용의 30~40%를 이해하고, 동영상 강의를 들으면 70~80%를 이해하게 된다고 한다. 독자 여러분이 이 책과 동영상 강의의 가르침을 충실히 따라온다면 이 책에서 제시하는 내용의 70~80%를 소화하고 자기 것으로 만들 수 있다는 이야기다. 그 정도라면 혼자서 영어로 30분 이상 말하고, 원어민과 대화할 때 별다른 어려움 없이 자기 의중에 있는 생각과 주장들을 영어로 펼칠 수 있는 정도가 된다.

영어 습관을 만드는 첫 번째 방법, 100문장 암기!

이 책의 목표는 독자 여러분으로 하여금 기본적인 영어를 익숙하게 사용하도록 하는 데 있다. 단지 주요 영어 단어들을 기억하고, 몇몇 문장들을 죽어라 외워서 주먹구구에 임기응변식으로 써먹는 게 아니라 영어 자체가 습관이 되게 만드는 것이다.

어떻게 그게 가능할까? 먼저 기본 100단어와 기본 100문장을 저자가 만들어낸 암기법으로 암기하게 한다. 그리고 암기한 문장과 비슷한 응용 문장을 만들어냄으로써 영어의 첫걸음을 내딛게 한다. 이미 〈50 English〉를 통해 수십 만명의 국내외 독자들이 이 방법으로 영어 학습에 있어 놀라운 성공을 거둔 바 있다.

이 책에서 말하는 영어는 기초적인 영어 혹은 실용적인 영어이다. 여러분이 책과 동영상 강의를 통해 저자의 지시를 충실하게 따라온다면 여기에 나와 있는 100개의 패턴을 가진 기본 문장을 익히게 되고, 그 다음 그 기본 문장을 응용한 900문장을 자기 것으로 만들 수 있다. 현재 영어가 힘든 분들은 여기에 나오는 '100+900=1000문장' 정도를 유창하게 하는 것을 첫째 목표로 생각해보라. 만일 그것이 되지 않으면서 더 고급스러운 영어를 원한다면 그림의 떡이 될 수밖에 없다.

이 책에 나오는 100개의 패턴을 가진 기본 문장은 저자가 미국에서 20년 이상 살면서 미국인들이 많이 사용하는 영어 패턴 중에 중요하고 핵심적인 것만을 모은 것이다. 이 기본 문장만 잘 사용해도 현 정부에서 주장하는 실용영어 정도는 잘할 수 있게 된다.

물론 암기만으로 영어를 잘하게 되는 것은 아니다. 암기에 영문법의 습관화가 더해져야 실용적인 영어를 할 수 있게 된다. 이 책과 동영상 강의의 마지막 부분에는 어떻게 하면 실용적인 영문법을 마스터 할 수 있는지에 대한 간단한 소개가 있을 것이다. 보다 본격적인 소개는 이 책의 자매편으로 만들어지는 〈50+50 English 영문법〉편을 함께 보기 바란다. 그 책에서는 영문법을 어떻게 쉽게 마스터 할지에 대한 방법이 자세하게 소개된다. 우선 이번 책에서는 기본 패턴을 가진 100개의 기본 문장과 그 기본 문장을 응용한 900개의 응용 문장을 어떻게 암기하고 자기 것으로 만드는지를 배우도록 한다.

서바이벌 영어가 아니라 실용영어를 익히자!

이 책과 동영상 강의에서는 '실용영어'라는 말을 많이 사용하고 있다. 그 의미는 다른 게 아니다. 실용영어란 쉽게 말해서 영어를 사용해서 돈을 벌 수 있는 영어를 뜻한다. 여행 가서 돈을 쓰는 데는 영어 실력이 그다지 중요하지 않다. 내가 영어를 능숙하게 쓰지 않아도 상대방이 이해해주기 때문이다. 단어 몇 개를 조합한 그런 식의 '서바이벌 영어'로 물론 여행이나 쇼핑은 할 수 있을지 몰라도 그것으로는 사업이든 공부이든 혹은 인간관계를 맺는 것이든 모두 불가능하다.

외국에 가서 영어로 물건이나 아이디어 등을 팔아 돈을 벌 수 있는 정도의 영어가 실용영어다. 아무리 영어 시험 성적이 좋다고 해도 그 영어로 돈을 벌어오지 못한다면 그 사람은 영어를 하는 것이 아니다. 실용영어는 외국인들의 영어를 알아듣고 거기에 대해 내 의중을 자유롭게 말할 수 있는 수준의 영어이다. 이 책에서는 바로 그런 실용영어를 할 수 있도록 저자가 만든 특별한 방법을 통해 훈련시킨다.

실용영어를 하기 위해서는
① 문장을 암기하고 연습해서 혀를 훈련하는 것
② 영문법을 마스터 해서 영어로 말하는 것이 문법적인 표현이 되게 하는 것
③ 원어민들의 영어를 알아들을 수 있는 듣기 훈련
④ 상황에 따라 순발력 있게 영어로 대처하는 능력 등이 필요하다.

이 책에서는 그중 첫 번째인 '문장을 암기하고 연습해서 혀를 훈련하는 것'을 직접적인 목표로 삼는다. 그리고 이 책의 자매편인 〈50+50 English 문법〉에서는 어떻게 하면 실용영어를 위한 문법을 쉽고 확실하게 마스터 하는지를 보여준다. 물론 이 모든 과정은 저자가 직접 학원에서 강의하고 동영상 강의로 제공을 하면서 수많은 임상 실험을 거친 확실한 방법이다. 수많은 학생들이 이 방법으로 영어를 잘하게 되었으며, 이 학습법을 담은 책이 일본어와 중국어로 번역 수출되어 영어가 모국어가 아닌 사람들에게 적합한 영어 학습 방법으로 확실히 인정을 받았다.

다시 한 번 강조하면 이 책의 특징은 책의 내용을 저자가 동영상으로 만들어 책과 함께 독자들에게 보낸다는 점이다. 앞서 이야기한 것처럼 책을 읽으면 30~40%를 이해하고 동영상 강의를 들으면 70~80%를 이해한다고 한다. 따라서 이 책을 구입한 분들은 책과 함께 동영상 강의를 듣게 된다면 이번 기회에 '영어 습관'을 들이고 영어를 자기 것으로 만들게 될 것이라고 확신한다. 따라서 책에서 글로 설명하는 것보다 동영상으로 설명하는 부분이 더 많아질 수도 있다. 책을 읽기를 싫어하는 분들에게는 좋은 소식이 될지도 모른다. 이 책과 동영상을 통해서 여러분이 실용영어를 하는 데 큰 발전이 있기를 바란다.

50+50 English 목차 및 사용법

일 러 두 기

① 본문과 동영상 강의의 문장들은 편집 시기의 차이 때문에 조금 다를 수 있다. 해당 내용을 전하는 데는 아무런 문제가 없지만 미리 양해를 바란다.

② 영어 문장에 대응하는 한국어 문장은 우리가 일상적으로 쓰는 문장과 약간 차이가 난다. 이는 영어 문장의 구조와 핵심을 정확하게 전달하기 위한 저자의 의도이므로 그 안에 담긴 뜻을 충분히 생각하면서 한국어 문장들을 암기하는 게 좋다.

03   900 응용 문장으로 영어를 정복하자! _66

암기한 100개의 기본 문장에서 어떤 단어를 바꾸어 다른 문장으로 만드는 것이 바로 응용이다. 암기한 문장과 비슷한 문장을 공부하면서 기본 문장의 패턴을 확실하게 자기 것으로 익히는 것이다. 이 단계에서는 100×9 즉 900개의 응용 문장을 소개한다. 양쪽 페이지에 걸쳐 1개의 기본 문장과 9개의 응용 문장이 나오는데, 응용 문장은 난이도에 따라 1단계부터 3단계까지 각 3개로 구성되어 있다. 처음 책을 볼 때는 1단계의 응용 문장을, 그 다음 2단계, 3단계의 응용 문장으로 진도를 나가면 된다.

Street English

3단계에는 900개의 응용 문장뿐 아니라 900개의 짧은 회화 문장도 함께 실려 있다. 이 짧은 회화 문장은 말 그대로 문장의 길이가 짧은 문장들로 3~6 단어가 주를 이룬다. 원어민들이 보통 길거리에서 특별한 격식을 차리지 않고 사용한다고 해서 길거리 영어 혹은 Street English라고 한다. 문법적으로는 조금 엉성하지만 일상생활에서 요긴하게 쓸 수 있는 영어 표현들이다. 여기에 나오는 900개의 Street English도 역시 난이도에 따라 3단계로 나누어 놓았다. 처음에 하시는 분들은 1단계에 해당하는 300개를, 그것이 완전히 소화가 된 뒤에 2단계, 3단계를 공부하기 바란다. 중요한 것은 어떤 상황에서든 순발력 있게 나오도록 연습해야 한다는 것이다.

04   50+50 English 영문법 정복하기 예고편 _270

100개의 기본 문장과 그 응용 문장들이 쉽게 기억되었다면 이번에는 영문법을 확실하게 만들 차례이다. 영문법이 확실하게 자리를 잡고 있지 않으면 암기한 문장을 응용하는 데 지장이 있고 실용적인 영어 사용에 있어 늘 제한적이 될 수밖에 없다. 이 단계에서는 실용적인 영어를 하기 위해서 필요한 기본적인 영문법의 내용을 요약해서 영문법 숲, 어순 차트, 그리고 영어의 기본 원리를 담은 차트를 가지고 간단하게 설명한다. 더 자세한 내용은 이 책의 자매편인 〈50+50 English 영문법〉에서 소개된다.

기본 100단어 외우기

50+50 English의 학습효과를 높이기 위해서는
반드시 책과 동영상 강의를 함께 보아야 합니다.

50+50 English 학습법의 제일 첫 번째 단계는 기본 100단어를
외우는 것이다. 100단어 암기가 확실해야 100 기본 문장으로
넘어갈 수 있다. 제시된 열 장의 단어 그림을 통해 각각의 단어들을
기억하도록 한다. 이 그림들은 그 구성 원리가 매우 쉽기 때문에
누구나 조금만 집중하면 그림과 제시된 영어 단어들을 외울 수 있다.
이 책에는 100단어를 기억할 수 있도록 기본적인 자료들이 제공되어
있으며, 구체적이고 확실한 암기방법은 별도로 제공된 동영상 강의
DVD를 통해 익히도록 한다.

1. 그림을 보자. 제목이 0번(뒤에서는 10번, 20번 순으로 제시)이고 나머지 번호들이
   3개의 그룹으로 나누어져 있는 것을 확인한다.
2. 좌측 상단에 자동차, 원숭이, 그네 등이 있다. 번호는 1, 2, 3번이다.
3. 중앙 하단에 코끼리, 소다, 전자사전 등이 보인다. 번호는 4, 5, 6번이다.
5. 우측 상단에 기린, 쌍둥이, 자전거 등이 있다. 번호는 7, 8, 9번이다.
6. 전부 10장의 그림이 나오는데 모두 같은 구조로 되어 있다. 먼저 10장의 그림
   순서를 잘 기억한다. 첫 번째 그림이 0번, 두 번째 그림이 10번, 세 번째 그림이
   20번 순이다. 좌측 상단이 1, 2, 3번, 중앙 하단이 4, 5, 6번, 우측 상단이 7, 8,
   9번인 것도 모두 같다.
7. 그림을 보면서 그림 안에 나오는 10개의 단어를 순서대로 기억해 본다.

● 단어 0-9번 암기하기

우리가 기억해야 할 10장의 그림 중에서 첫 번째 그림의 이름은 동물원(Zoo - 숫자 0 즉 Zero라는 발음과 비슷)이다. 동물원에 가면 아래의 그림 속 요소 같은 것들을 볼 수 있다. 먼저 그림 전체를 기억하고 다음 왼쪽에서부터 오른쪽으로 번호와 각 단어를 기억해 본다. 그림과 10개의 단어가 확실하게 기억될 때까지 다음으로 넘어가면 안 된다.

0 ZOO

0 Zoo	**5** Soda	0. 동물원	5. 소다
1 Swing	**6** Electronic Dictionary	1. 그네	6. 전자사전
2 Monkey	**7** Giraffe	2. 원숭이	7. 기린
3 Ladder	**8** CD player	3. 사다리	8. CD 플레이어
4 Elephant	**9** Bike	4. 코끼리	9. 자전거

● 단어 10-19번 암기하기

우리가 기억해야 할 10장의 그림 중에서 두 번째 그림의 이름은 테니스(Tennis – 숫자 10 즉 Ten 이라는 발음과 비슷)이다. 테니스 장에 가면 아래와 같은 것들을 볼 수 있다. 먼저 그림 전체를 기억하고 다음 왼쪽에서부터 오른쪽으로 번호와 각 단어를 기억해 본다. 미리 강조한 것처럼 좌측에 11, 12, 13번, 중앙에 14, 15, 16번, 그리고 우측에 17, 18, 19번이 온다. 다른 그림들과 십자리 수만 제외하고는 그 위치가 똑같다는 것을 관찰해둔다. 그림과 10개의 단어가 확실하게 기억될 때까지 다음으로 넘어가면 안 된다.

⑩ Tennis	⑮ Uniform	10. 테니스	15. 유니폼
⑪ Umpire	⑯ Clock	11. 심판관	16. 시계
⑫ Mushroom	⑰ Player	12. 버섯	17. 선수
⑬ Reporter	⑱ Racket	13. 기자	18. 라켓
⑭ Ball boy	⑲ Ball	14. 볼보이	19. 공

● 단어 20-29번 암기하기

우리가 기억해야 할 10장의 그림 중에서 세 번째 그림의 이름은 황혼(Twilight— 숫자 20 즉 Twenty라는 발음과 비슷)이다. 황혼이 지는 바닷가에 가면 아래에 있는 것과 같은 것을 볼 수 있다. 먼저 그림 전체를 기억하고 다음 왼쪽에서부터 오른쪽으로 번호와 각 단어를 기억해 본다. 좌측에 21, 22, 23번, 중앙에 24, 25, 26번, 그리고 우측에 27, 28, 29번이 온다. 그림과 10개의 단어가 확실하게 기억될 때까지 다음으로 넘어가면 안 된다.

⑳ TWILIGHT

⑳ Twilight	㉕ Battery	20. 황혼	25. 배터리
㉑ Mountain	㉖ Bench	21. 산	26. 긴 의자
㉒ Drugstore	㉗ Boat	22. 약국	27. 보우트
㉓ Camping	㉘ Handle	23. 캠핑	28. 손잡이
㉔ Palm tree	㉙ Rock	24. 야자수	29. 바위

● 단어 30-39번 암기하기

우리가 기억해야 할 10장의 그림 중에서 4번째 그림의 이름은 목마른(Thirsty - 숫자 30 즉 Thirty라는 발음과 비슷)이다. 목 마를 때 생각나는 풍경들이 그림에 제시되어 있다. 먼저 그림 전체를 기억하고 다음 왼쪽에서부터 오른쪽으로 번호와 각 단어를 기억해 본다. 좌측에 31, 32, 33번, 중앙에 34, 35, 36번, 그리고 우측에 37, 38, 39번이 온다. 그림과 10개의 단어가 확실하게 기억될 때까지 다음으로 넘어가면 안 된다.

㉚ **Thirsty**	㉟ **7-up**	30. 목 마른	35. 7-up
㉛ **Water fountain**	㊱ **Coin**	31. 식수대	36. 동전
㉜ **Button**	㊲ **Serviceman**	32.•단추	37. 수리공
㉝ **Ring**	㊳ **Tools**	33. 반지	38. 도구
㉞ **Vending machine**	㊴ **Trashcan**	34. 자판기	39. 쓰레기통

● 단어 40-49번 암기하기

우리가 기억해야 할 10장의 그림 중에서 5번째 그림의 이름은 일기예보(Forecast - 숫자 40 즉 Forty라는 발음과 비슷) 이다. 방송국에 가면 아래와 같은 것들을 볼 수 있다. 먼저 그림 전체를 기억하고 다음 왼쪽에서부터 오른쪽으로 번호와 각 단어를 기억해 본다. 좌측에 41, 42, 43번, 중앙에 44, 45, 46번, 그리고 우측에 47, 48, 49번이 온다. 그림과 10개의 단어가 확실하게 기억될 때까지 다음으로 넘어가면 안 된다.

㊵ Forecast	㊺ News	40. 일기예보	45. 뉴스
㊶ Producer	㊻ Keys	41. 프로듀서	46. 열쇠
㊷ Telephone	㊼ Forecaster	42. 전화기	47. 일기예보자
㊸ Pearl necklace	㊽ Map	43. 진주목걸이	48. 지도
㊹ Announcer	㊾ Desk	44. 아나운서	49. 책상

● 단어 50-59번 암기하기

우리가 기억해야 할 10장의 그림 중에서 6번째 그림의 이름은 결혼 50주년(50th Anniversary – 숫자 50 즉 Fifty라는 발음과 비슷)이다. 결혼기념식장에 가면 아래와 같은 장면들을 볼 수 있다. 먼저 그림 전체를 기억하고 다음 왼쪽에서부터 오른쪽으로 번호와 각 단어를 기억해 본다. 좌측에 51, 52, 53번, 중앙에 54, 55, 56번, 그리고 우측에 57, 58, 59번이 온다. 그림과 10개의 단어가 확실하게 기억될 때까지 다음으로 넘어가면 안 된다.

(50) **50th Anniversary**	(55) **Envelope**	50. 50주년 결혼기념일	55. 봉투
(51) **Photographer**	(56) **Stool**	51. 사진사	56. 스툴
(52) **Camera**	(57) **Grandson**	52. 사진기	57. 손자
(53) **Camera bag**	(58) **Fruit basket**	53. 카메라 가방	58. 과일 바구니
(54) **Grandpa**	(59) **Dog**	54. 할아버지	59. 강아지

● 단어 60-69번 암기하기

우리가 기억해야 할 10장의 그림 중에서 7번째 그림의 이름은 병상(Sickbed – 숫자 60 즉 Sixty 라는 발음과 비슷)이다. 병원에 가면 아래에 있는 것과 같은 것들을 볼 수 있다. 먼저 그림 전체를 기억하고 다음 왼쪽에서부터 오른쪽으로 번호와 각 단어를 기억해 본다. 좌측에 61, 62, 63번, 중앙에 64, 65, 66번, 그리고 우측에 67, 68, 69번이 온다. 그림과 10개의 단어가 확실하게 기억될 때까지 다음으로 넘어가면 안 된다.

⑥⓪ **Sickbed**	⑥⑤ **Flower**	60. 병상	65. 꽃
⑥① **Wheelchair**	⑥⑥ **TV**	61. 휠체어	66. 텔레비전
⑥② **Doll**	⑥⑦ **Nurse**	62. 인형	67. 간호사
⑥③ **Flower pot**	⑥⑧ **Friend**	63. 화분	68. 친구
⑥④ **Sick man**	⑥⑨ **Package**	64. 환자	69. 패키지

● 단어 70-79번 암기하기

우리가 기억해야 할 10장의 그림 중에서 8번째 그림의 이름은 7-24 가게(7-24 Store – 숫자 70 즉 Seventy라는 발음과 비슷)이다. 7-24 가게 같은 편의점에 가면 아래 그림과 비슷한 것들을 볼 수 있다. 먼저 그림 전체를 기억하고 다음 왼쪽에서부터 오른쪽으로 번호와 각 단어를 기억해 본다. 좌측에 71, 72, 73번, 중앙에 74, 75, 76번, 그리고 우측에 77, 78, 79번이 온다. 그림과 10개의 단어가 확실하게 기억될 때까지 다음으로 넘어가면 안 된다.

(70) 7-24 Store	**(75) Money**	70. 7-24 가게	75. 돈
(71) Security guard	**(76) Name tag**	71. 청원경찰	76. 이름표
(72) Cellular phone (Cell phone)	**(77) Police officer**	72. 휴대전화	77. 경찰
(73) Army boot	**(78) Manager**	73. 군화	78. 매니저
(74) Thief	**(79) Tape**	74. 도둑	79. 테이프

● 단어 80-89번 암기하기

우리가 기억해야 할 10장의 그림 중에서 9번째 그림의 이름은 교육(Education – 숫자 80 즉 Eighty라는 발음과 비슷)이다. 교육 현장에 가면 아래 그림과 같은 것들을 볼 수 있다. 먼저 그림 전체를 기억하고 다음 왼쪽에서부터 오른쪽으로 번호와 각 단어를 기억해 본다. 좌측에 81, 82, 83번, 중앙에 84, 85, 86번, 그리고 우측에 87, 88, 89번이 온다. 그림과 10개의 단어가 확실하게 기억될 때까지 다음으로 넘어가면 안 된다.

(80) **Education**	(85) **Ticket**	80. 교육	85. 티켓
(81) **Teacher**	(86) **Sneakers**	81. 선생님	86. 운동화
(82) **Eraser**	(87) **Girl**	82. 지우개	87. 소녀
(83) **Janitor**	(88) **Book**	83. 청소부	88. 책
(84) **Boy**	(89) **Umbrella**	84. 소년	89. 우산

● 단어 90-99번 암기하기

우리가 기억해야 할 10장의 그림 중에서 마지막 10번째 그림의 이름은 나일강(Nile river - 숫자 90 즉 Ninety라는 발음과 비슷)이다. 나일강이 있는 이집트에 가면 아래 그림 속 풍경과 같은 것들을 볼 수 있다. 먼저 그림 전체를 기억하고 다음 왼쪽에서부터 오른쪽으로 번호와 각 단어를 기억해 본다. 좌측에 91, 92, 93번, 중앙에 94, 95, 96번, 그리고 우측에 97, 98, 99번이 온다. 그림과 10개의 단어가 확실하게 기억될 때까지 다음으로 넘어가면 안 된다.

(90) The Nile river	(95) Uncle	90. 나일강	95. 삼촌
(91) Pyramid	(96) Bell	91. 피라미드	96. 종
(92) Gift shop	(97) Abdullah	92. 선물가게	97. 압둘라
(93) Ambulance	(98) Belt	93. 구급차	98. 벨트
(94) Camel	(99) Chair	94. 낙타	99. 의자

이렇게 해서 100개의 단어를 순서대로 기억할 수 있게 된다.
먼저 여기까지의 내용을 복습하기 위해서 독자 여러분 각자
0번부터 99번까지 순서대로 적을 수 있는지 테스트해 보기 바란다.

(1) 10장의 그림을 순서대로 기억해 본다.
　　어떻게? 0번부터 90번까지 영어로 세어 본다.
　　영어 발음과 비슷한 그림을 떠올리면 된다.

(2) 각 그림마다 좌측에서 우측으로 가면서 번호가 순서대로 높아진다. 좌측에
　　1, 2, 3 중앙에 4, 5, 6 그리고 우측에 7, 8, 9가 온다.

(3) 십자리 수는 그림의 제목으로부터 힌트를 얻고 또 반대로 그림의 제목은
　　10씩 증가하는 숫자를 생각하면서 힌트를 얻는다.

- **0** Zero – Zoo 그림
- **10** Ten – Tennis 그림
- **20** Twenty – Twilight 그림
- **30** Thirty – Thirsty 그림
- **40** Forty – Forecast 그림
- **50** Fifty – 50th anniversary 그림
- **60** Sixty – Sickbed 그림
- **70** Seventy – 7–24 Store 그림
- **80** Eighty – Education 그림
- **90** Ninety – Nile river 그림

(4) 첫 번째 그림인 Zoo로부터 마지막 그림인 River Nile까지 그림에 나와 있는
　　100개의 단어를 적어 보고 암기를 해 본다. 시간이 날 때마다 이 100단어를
　　그림과 함께 기억한다.

(5) 100단어 암기가 확실하게 되지 않으면 다음 단계인 100 기본 문장으로
　　넘어가지 말고 기본 단어를 확실하게 외울 때까지 완전하게 연습한다.

한국어와 영어로
100 기본 문장 외우기

1단계에서는 10장의 그림으로부터 100개의 단어를 순서대로
기억하는 방법을 연습해 보았다. 이 100단어는 시간이 날 때마다
연습을 해서 반드시 자기 것으로 만들어야 한다. 만일 이 부분의
암기가 잘 안 되는 분들은 1단계로 되돌아가서 순서대로 그림을
떠올리며 100단어를 기억할 수 있게 된 후에 이곳 2단계로 오기
바란다.

이제 우리는 한국어로 된 100문장을 암기하고 또 같은 방법으로
영어로 된 100문장을 암기할 것이다. 중요한 것은 먼저 100개의
한국어 문장을 암기하는 것이다.

그 다음에 암기된 한국어 문장 100개에 대응하는 영어 문장을
암기한다. 이 부분은 매우 중요하기 때문에 저자가 지시하는 대로
따라와 주기를 바란다. 일단 한국어 100 기본 문장이 암기되면
여기로 되돌아와서 그 다음에 영어로 100 기본 문장을 암기한다.

우선 한국어로 100문장을 어떻게 기억하는지 보자. 100개의 단어를
기억했다면 100개의 한국어 문장을 기억하는 것은 그리 어려운 일이
아니다. 100개의 한국어 문장을 기억하는 요령은 다음과 같다.

50+50 English의 학습효과를 높이기 위해서는
반드시 책과 동영상 강의를 함께 보아야 합니다.

1. 100개의 단어를 0번부터 99번까지 순서대로 기억해 나갈 수 있어야 한다.

2. 다음 페이지부터 좌측에는 그림과 영어 문장이, 그리고 우측에는 한국어로
   된 간단한 이야기와 문장이 있다. 이 한국어 이야기와 문장을 100개의 단어와
   연결해서 기억한다. 즉 100개의 단어와 연결된 이야기가 있는데 그것을 기억하는
   것이다.

3. 100개의 한국어 문장을 기억한다는 것은 100개의 단어를 순서대로 기억하면서
   그 단어와 연결이 된 이야기를 생각하고, 그 이야기 속에 함축되어 있는 한국어
   문장을 기억하는 것이다.

이렇게 해서 40페이지에 걸쳐서 100개의 한국어 문장을 전부
순서대로 암기할 수 있게 되면 그것을 매일 연습하면서 다시 이
첫 부분으로 되돌아온다. 그리고 암기한 한국어 문장에 대응하는
영어 문장을 암기한다. 다시 한번 강조하면, 0~99번까지 한국어로
된 100문장을 다 암기한 다음에 한국어에 해당하는 영어 문장을
암기하든지, 혹은 영작을 할 수 있는 분들은 영어로 영작을 한다.
동영상 강의에서 강조하듯이 이 방법을 강조하는 여러 가지 이유가
있으니 반드시 저자의 지시를 따라주기를 바란다. 그리고 동영상
강의를 통해 각 단계마다 중요한 것들을 꼭 익히도록 한다. 동영상
강의 DVD에서 제공하는 한국어 음성 파일을 사용해서 연습하면
더 효과가 크다.

● 단어 0-4번에 연관된 기본 문장 5개 기억하기

0 ZOO

0번 그림은 존이 여자친구 미셸을 동물원으로 데리고 와서 위로하는 장면을 묘사하고 있다. 미셸은 차가 고장났고, 원숭이는 감기에 걸렸으며, 사다리는 고물상에서 온 나무로 만들어졌다. 코끼리는 당뇨병에 걸렸고, 존은 다이어트 코크를 마시고 싶어하며, 나무 위에는 조련사가 올라가 있다. 쌍둥이는 조련사를 싫어하고 동생은 한 바퀴를 더 돌고 싶어 하는 내용의 그림이다.

(영어 문장은 0~99번까지 한국어 문장 100개를 완전히 외운 뒤에 암기하도록 한다.)

0 *Once* you see all those animals, you should feel better.

1 **I need** to fix my car as soon as possible.

2 **I hope** it snows all day long tomorrow.

3 **Can I** get you anything?

4 **How** many apples did you eat today?

● 0-4번 한국어 문장

이야기 0번

존의 여자 친구 미셸은 기분이 나쁩니다. 왜냐구요? 그녀의 차가 또 망가졌기 때문이지요. 그때 마침 존이 미셸에게 전화를 걸었어요. 그리고 동물원에 같이 가자며 다음과 같은 말을 했지요.

0번 문장 : 일단 네가 저 모든 동물들을 보면, 너는 더 낫게 느낄 거야.

이야기 1번

그들은 동물원에 왔습니다. 존의 여자 친구 미셸은 아직도 아무 말도 하지 않고 한숨을 쉬면서 다음과 같이 중얼거립니다.

1번 문장 : 나는 가능한 한 빨리 내 차를 고칠 필요가 있어.

이야기 2번

원숭이는 감기에 걸렸지요. 조련사 아저씨가 원숭이를 의사 선생님께 데려가려고 합니다. 원숭이는 주사를 맞는 것이 싫어서 기도를 합니다. 뭐라고 했는지 아세요? 내일 하루 종일 눈이 와서 제발 길이 막히라고 했답니다.

2번 문장 : 나는 내일 하루 종일 눈이 오기를 희망해.

이야기 3번

조련사 아저씨는 고물상에서 얻어온 나무로 사다리를 만들었습니다. 좀 약해요. 그가 사다리에 올라가자 사다리가 흔들거리네요. 그 옆을 지나던 존이 아저씨를 도우려고 합니다. 아저씨, 괜찮으세요? 제가 도울 수 있는 게 있습니까? 라고 하면서 다음과 같이 말하지요.

3번 문장 : 내가 당신에게 뭔가를 가져다 줄 수 있나요?

이야기 4번

존은 다음 주에 이집트로 유학을 가게 됩니다. 이번에 가면 몇 년 후에 오게 될지 모르기 때문에 코끼리 등에 타고 동물원을 한 바퀴 돌기를 원합니다. 그래서 코끼리 있는 곳에 왔는데 코끼리는 사과를 먹고 있네요. 그런데 조련사가 뭐라고 소리를 꽥 지릅니다. 나중에 알고 보니 코끼리는 당뇨병이 있어서 사과 같은 것은 많이 먹으면 안 된답니다. 조련사가 뭐라고 했는지 아세요? 이렇게 말했지요.

4번 문장 : 너는 오늘 얼마나 많은 사과를 먹었니?

지금까지 나온 5개의 한국어 문장을 그림과 이야기를 함께 생각하면서 하루에 적어도 10번 정도는 반복 연습한다.

● 단어 5-9번에 연관된 기본 문장 5개 기억하기

❶ ZOO

0번 그림은 존이 여자친구 미셀을 동물원으로 데리고 와서 위로하는 장면을 묘사하고 있다. 미셀은 차가 고장났고, 원숭이는 감기에 걸렸으며, 사다리는 고물상에서 온 나무로 만들어졌다. 코끼리는 당뇨병에 걸렸고, 존은 다이어트 코크를 마시고 싶어하며, 나무 위에는 조련사가 올라가 있다. 쌍둥이는 조련사를 싫어하고 동생은 한 바퀴를 더 돌고 싶어 하는 내용의 그림이다.

(영어 문장은 0~99번까지 한국어 문장 100개를 완전히 외운 뒤에 암기하도록 한다.)

❺ **I would like to** have a Diet coke.

❻ **Whose** cellular phone is this anyway?

❼ **What are you** do**ing** up there?

❽ **I don't like** him that much.

❾ **You should** keep your promise; **otherwise** no one will trust you.

● 5-9번 한국어 문장

이야기 5번	존과 조련사 아저씨는 코끼리 등에 탈 준비를 다 했습니다. 조련사는 존에게 코끼리가 늦게 와서 동물원을 한 바퀴 도는데 2시간 정도 걸리니 찬 음료수를 하나 갖고 떠나자고 하며 무엇을 마시겠냐고 물었지요. 그래서 존은 다음과 같이 답을 합니다.

5번 문장 : 나는 다이어트 코크를 마시고 싶어요.

이야기 6번	코끼리가 첫 발을 딛는 순간 우지직 하는 소리가 납니다. 깜짝 놀라서 조련사가 땅에 내려와 보니 누군가의 셀폰이 깨져 있습니다. 조련사는 당황해서 신경질적으로 다음과 같이 말을 하지요.

6번 문장 : 이것은 도대체 누구의 셀폰입니까?

이야기 7번	기린이 나무 위를 보니까 조련사 아저씨가 뭔가를 하고 있어요. 조련사는 동물과 같이 있어야 하는데…. 기린은 이상하게 생각이 되어 조련사 아저씨에게 무엇을 하고 있느냐고 묻습니다.

7번 문장 : 당신은 그 위에서 무엇을 하고 있나요?

이야기 8번	기린 등에 앉아 있던 쌍둥이가 기린과 이야기하고 있는 아저씨를 보니까 자기들이 싫어하는 아저씨네요. 그래서 한마디 합니다.

8번 문장 : 나는 그를 그다지 좋아하지 않아요.

이야기 9번	쌍둥이들이 기린 등에 타고 돌아다니는 관광이 이제 끝나갑니다. 쌍둥이 동생은 재미있어서 형에게 한 바퀴를 더 돌면 안 되는지 물어봅니다. 그랬더니 형이 이렇게 말하지요.

9번 문장 : 너는 너의 약속을 지켜야만 해, 그렇지 않으면 아무도 너를 믿지 않을 거야.

지금까지 나온 5개의 한국어 문장을 그림과 이야기를 함께 생각하면서 하루에 적어도 10번 정도는 반복 연습한다.

● 단어 10-14번에 연관된 기본 문장 5개 기억하기

10번 그림은 존의 마지막 테니스 시합 광경을 그리고 있다. 심판관은 초등학교 중퇴이며 뇌물을 좋아한다. 볼 보이는 누나가 2명 있는데 둘 다 아프다. 그래서 병 간호를 하다 보니 매일 시합장에 지각한다. 존이 시합 전에 상대방 선수의 안부를 묻는 상황이 묘사되고 있다.

(영어 문장은 0~99번까지 한국어 문장 100개를 완전히 외운 뒤에 암기하도록 한다.)

⑩ **It occurred to me that** this is(might be) John's last one of the season.

⑪ **Do you know how to** cook this?

⑫ **I feel** sick to my stomach.

⑬ **Feel free to** call me whenever you want to play tennis.

⑭ **I have** two sisters and both of them are sick.

● 10-14번 한국어 문장

이야기 10번

존은 공부도 잘 하고 테니스도 잘 칩니다. 이번 경기는 그가 이집트로 가기 전에 하는 마지막 경기입니다. 심판관은 관중들에게 이렇게 이야기합니다.

10번 문장 : 나는 이것이 존의 시즌 마지막 경기라는(경기일지도 모른다는) 생각이 들었다.

이야기 11번

볼 보이는 요즘 일에 자주 지각을 합니다. 미안해서인지 뇌물을 심판관 아저씨에게 갖다 줍니다. 오늘은 송이버섯을 가지고 왔네요. 심판관은 그것을 받더니 다음과 같이 말했지요.

11번 문장 : 너는 이것을 어떻게 요리하는지 아니?

이야기 12번

요리법을 모른 채 송이버섯을 먹은 심판관은 배탈이 났지요. 그는 배가 아픕니다. 그래서 심판관은 볼 보이에게 이렇게 말합니다.

12번 문장 : 나는 위에 통증을 느껴.

이야기 13번

심판관 아저씨는 좀 허풍이 셉니다. 그리고 나서기를 좋아하지요. 요즘 사람들이 테니스를 치러 많이 옵니다. 그래서 테니스장이 좀 모자라지요. 심판관 아저씨는 지나가는 기자들에게 테니스를 치고 싶으면 언제든지 연락하라고 하네요.

13번 문장 : 당신이 테니스를 치고 싶을 때는 언제든 사양하지 말고 나에게 전화하세요.

이야기 14번

볼 보이는 오늘도 지각입니다. 심판관이 왜 요즘에 지각이 많은지를 묻습니다. 볼 보이는 누나가 2명 있는데 둘 다 아파서 자신이 돌보느라 늦는다고 설명합니다.

14번 문장 : 나는 누나가 2명 있는데 둘 다 아파요.

지금까지 나온 5개의 한국어 문장을 그림과 이야기를 함께 생각하면서 하루에 적어도 10번 정도는 반복 연습한다.

- 단어 15-19번에 연관된 기본 문장 5개 기억하기

⑩ TENNIS

10번 그림은 존의 마지막 테니스 시합 광경을 그리고 있다. 심판관은 초등학교 중퇴이며 뇌물을 좋아한다. 볼 보이는 누나가 2명 있는데 둘 다 아프다. 그래서 병 간호를 하다 보니 매일 시합장에 지각한다. 존이 시합 전에 상대방 선수의 안부를 묻는 상황이 묘사되고 있다.

(영어 문장은 0~99번까지 한국어 문장 100개를 완전히 외운 뒤에 암기하도록 한다.)

⑮ **How come** you are not wearing a yellow uniform today?

⑯ **I have to** make a decision by 10:30.

⑰ **How often** do you play tennis?

⑱ **Do you mind if** I give you some advice on that?

⑲ **You are much** bett**er** than me.

● 15-19번 한국어 문장

이야기 15번 | 볼 보이는 오늘 아침에 유니폼을 입지 못하고 왔어요. 누나가 많이 아파서 돌보다 보니까 늦어졌고 유니폼을 입을 시간도 없었습니다. 심판관 아저씨가 이렇게 묻습니다.

15번 문장 : 어째서 너는 오늘 노란색 유니폼을 입고 있지 않니?

이야기 16번 | 일이 곤란하게 되었네요. 다른 사람들은 다 유니폼을 입고 있는데 이 볼 보이만 집에서 입던 옷을 입고 있네요. 경기는 11시에 시작이니까 10시 반까지는 일을 할지 안 할지 결정을 해야 하니까 볼 보이는 조바심이 납니다. 그래서 혼자서 이렇게 중얼거립니다.

16번 문장 : 나는 10시 30분까지 결정을 내려야 해요.

이야기 17번 | 다른 선수와 달리 존은 매우 친절하고 예의가 바르지요. 보통 테니스 선수들은 시작 전에 인사를 하지 않지만 존은 인사를 잘 합니다. 잘 지냈는지 연습은 많이 하는지 등등을 묻지요. 오늘도 상대방 선수에게 다음과 같이 물었습니다.

17번 문장 : 당신은 얼마나 자주 테니스를 칩니까?

이야기 18번 | 상대방 선수는 일주일에 2번만 연습한답니다. 선수가 일주일에 2번 연습? 아, 그 이유가 테니스 코트를 빌릴 수가 없어서래요. 테니스를 치려고 모이는 사람이 장난이 아니거든요. 존은 어떻게 하면 테니스 코트를 쉽게 빌리는지 알고 있지요. 그래서 상대방에게 그 비결을 알려 주려고 이렇게 말합니다.

18번 문장 : 당신은 내가 그것에 대해서 어떤 조언을 준다면 꺼려하시겠습니까?

이야기 19번 | 존은 상대방 선수에게 조언을 해주었고 상대방 선수는 고맙다고 했어요. 이제 시합이 시작되었고 존이 아주 강하게 서브를 했는데 상대방이 아주 빨리 받아쳐서 존의 다리에 맞았어요. 바로 전에 연습을 많이 해야 한다고 조언까지 한 존의 스타일이 망가졌지요. 존은 창피해서 이렇게 말합니다.

19번 문장 : 당신이 나보다 훨씬 낫습니다.

지금까지 나온 5개의 한국어 문장을 그림과 이야기를 함께 생각하면서 하루에 적어도 10번 정도는 반복 연습한다.

● 단어 20-24번에 연관된 기본 문장 5개 기억하기

⑳ TWILIGHT

20번 그림은 존이 테니스 시합을 마치고 테니스 클럽 회원들과 마지막 여름 캠프에 가서 벌어지는
상황을 묘사하고 있다. 산에 올라간 존은 배가 고프고, 새로운 신발을 신고 와서 발 뒤꿈치를 다친
학생, 힘들어 못 가겠다는 여학생, 캠핑 과정을 모니터 하는 사장, 전망대에 올라간 선장, 배를 잘
못 운전한 조수 등의 이야기가 있다.

(영어 문장은 0~99번까지 한국어 문장 100개를 완전히 외운 뒤에 암기하도록 한다.)

⑳ **I can't believe** this is the last summer camp that I attend
with you guys.

㉑ **There is** some food on the table.

㉒ **Is there** a drugstore around here?

㉓ **Don't tell me** you can't go there.

㉔ **You should** call the doctor right away.

이야기 20번
존은 마지막 테니스 경기를 끝내고 테니스 클럽의 친구들과 마지막 여름 캠프를 떠납니다. 그리고 보니 이게 친구들과 같이 가는 여름 캠프로 마지막이 될 것 같아 마음이 적적해집니다. 존이 가던 길을 멈추고 친구들을 보면서 이렇게 말하지요.

20번 문장 : 이번이 내가 너희들과 함께 참석하는 마지막 여름 캠프라니 믿어지지가 않는다.

이야기 21번
존이 산 꼭대기에 있는 캠프장에 먼저 도착했습니다. 존은 매우 배가 고파서 그곳 주방에서 일하는 아주머니에게 뭔가 먹을 것이 없냐고 물어보았어요. 아주머니가 웃으며 이렇게 말을 합니다.

21번 문장 : 식탁 위에 음식이 좀 있어요.

이야기 22번
한 학생이 새 운동화를 신고 산에 올라갑니다. 발이 아플 텐데…. 결국은 발에 상처를 입고는 절룩거리며 산을 오르다가 안내하는 선생님을 만나 약국이 어디에 있는지를 묻는군요.

22번 문장 : 이 근처에 약국이 있나요?

이야기 23번
어떤 여학생과 남학생이 같이 캠핑에 참가하기 위해서 걸어갑니다. 갑자기 여학생은 등에 진 무거운 짐 때문에 푹 쓰러지면서 '난 못 갈 것 같아'라고 합니다. 사실 남학생은 캠핑보다는 여자친구 때문에 가는 건데…. 여자친구가 캠핑을 못 간다면 좀 곤란해집니다. 그래서 이렇게 말하지요.

23번 문장 : 나에게 당신이 그곳에 갈 수 없다고 말하지 말아요.

이야기 24번
테니스 클럽의 사장님이 야자수 나무 위에 올라갔어요. 왜냐면 캠핑을 가는 과정에서 안전사고가 일어날까 봐 걱정이 되었던 것이지요. 그때 보니까 어떤 여학생이 쓰러지는 것이 보였어요. 그래서 그 옆에 있는 여학생의 남자친구에게 전화를 걸어서 이렇게 말을 했습니다.

24번 문장 : 너는 당장 의사를 불러야 한다.

지금까지 나온 5개의 한국어 문장을 그림과 이야기를 함께 생각하면서 하루에 적어도 10번 정도는 반복 연습한다.

- 단어 25-29번에 연관된 기본 문장 5개 기억하기

⑳ TWILIGHT

20번 그림은 존이 테니스 시합을 마치고 테니스 클럽 회원들과 마지막 여름 캠프에 가서 벌어지는 상황을 묘사하고 있다. 산에 올라간 존은 배가 고프고, 새로운 신발을 신고 와서 발 뒤꿈치를 다친 학생, 힘들어 못 가겠다는 여학생, 캠핑 과정을 모니터 하는 사장, 전망대에 올라간 선장, 배를 잘 못 운전한 조수 등의 이야기가 있다.

(영어 문장은 0~99번까지 한국어 문장 100개를 완전히 외운 뒤에 암기하도록 한다.)

㉕ **Would you** bring more batteries for me?

㉖ **May I ask** you where I can find those batteries?

㉗ **It goes without saying that** I was so upset to see that.

㉘ **I had a hard time** controll**ing** the boat.

㉙ **I will make sure** it won't happen again.

● 25-29번 한국어 문장

이야기 25번 야자수 위에 있는 사장님 전화의 배터리가 떨어졌습니다. 아마도 전화를 많이 해서인가 봅니다. 사장님은 나무 아래에서 기다리고 있던 운전기사에게 배터리를 가져다 달라고 요청합니다.

25번 문장 : 당신은 좀 더 많은 배터리를 나를 위해서 가져올래요?

이야기 26번 운전기사는 사실 배터리가 어디에 있는지 몰랐지요. 그래서 어쩔줄 모르다가 용기를 내서 사장님에게 이렇게 묻지요.

26번 문장 : 내가 그 배터리들을 어디에서 발견할 수 있을지 물어도 되나요?

이야기 27번 배의 선장은 담배를 피우고 싶었습니다. 그래서 전망대로 올라가면서 조수에서 배를 몰라고 기회를 줍니다. 사실 조수는 어떻게 배를 운전하는지 잘 몰랐어요. 그래서 어떤 버튼을 눌렀더니 배가 부웅~ 하면서 암초에 꽝 부딪쳤지요. 그래서 선장은 매우 화가 났어요. 나중에 어땠는가라고 묻자 선장은 다음과 같이 말했지요.

27번 문장 : 내가 그것을 보게 되어 매우 화가 났다는 것은 말할 것도 없다.

이야기 28번 배를 처음 운전해 보았던 조수는 선장이 전망대에서 내려와 조타실로 들어 오자 핑계를 댑니다. 핑계 없는 무덤이 없다고 하지요. 여기도 마찬가지입니다.

28번 문장 : 나는 이 배를 조종하느라 힘든 시간을 가졌어요.

이야기 29번 선장은 배의 앞 부분을 자세히 보았지요. 소리는 꽝 하고 났는데 그리 많이 부서진 것이 아니어서 정말 다행이라고 생각했습니다. 조수는 선장에게 한 번만 봐달라고 사정, 사정을 하지요. 다시는 이런 일이 없도록 확실하게 하겠다는 다짐도 잊지 않는군요.

29번 문장 : 나는 이런 일이 다시는 일어나지 않도록 확실하게 만들겠습니다.

지금까지 나온 5개의 한국어 문장을 그림과 이야기를 함께 생각하면서 하루에 적어도 10번 정도는 반복 연습한다.

● 단어 30-34번에 연관된 기본 문장 5개 기억하기

30번 그림에서는 캠핑에서 돌아온 존이 목이 말라 식수대를 찾는 광경을 묘사하고 있다. 식수대 근처에서 뭔가를 찾던 소녀, 고장난 식수대, 식수대 밑에 떨어져 있는 반지, 고장난 자판기, 동전을 넣었으나 음료수가 나오지 않아 발로 뻥뻥 차고 있는 존, 고장난 자판기를 수리하기 위해 오고 있는 서비스맨의 이야기 등이 그려져 있다.

(영어 문장은 0~99번까지 한국어 문장 100개를 완전히 외운 뒤에 암기하도록 한다.)

㉚ **I would do anything for** a cold drink.

㉛ **It looks like** it is going to rain.

㉜ **I heard** you are moving to New York. Is that right?

㉝ **Is this** the ring you were looking for?

㉞ **How much** did you pay for that?

● 30-34번 한국어 문장

이야기 30번	존과 친구들은 캠핑을 끝내고 집에 왔는데 날이 너무 더워서 짜증이 납니다. 비라도 왔으면 좋겠는데 그럴 것 같지는 않아 보이는군요. 존은 찌는 듯한 날씨를 투덜거리면서 다음과 같이 말합니다.
	30번 문장 : 나는 찬 음료수를 위해서라면 뭐든지 하겠다.

이야기 31번	존은 찬 물을 마시기 위해서 식수대로 갔습니다. 거기에 친구의 동생아이가 뭔가를 찾는 듯하더니 하늘을 쳐다봅니다. 그러더니 뭐라고 중얼거렸는데 너무 작은 목소리로 말해서 존은 잘 못 알아들었어요. 그래서 존이 뭐라고 그랬는지 못 들었다고 하니까 그 여자아이가 다음과 같이 말했습니다.
	31번 문장 : 비가 올 것 같이 보인다.

이야기 32번	존은 그 아이가 말하는 것을 들으면서 그 여자아이가 장난을 친다고 생각했습니다. 그 순간 그 여자아이네 집이 모두 뉴욕으로 이사한다는 말을 들은 것이 생각났어요. 그래서 집으로 가는 여자아이를 다시 불러서 물어봤지요. 뉴욕으로 이사한다는 이야기가 사실인지를 말이지요. 이렇게 말했어요.
	32번 문장 : 나는 네가 뉴욕으로 이사한다는 말을 들었다.

이야기 33번	존은 그 여자아이 오빠와 친하게 지낸 친구였는데 이사를 가면 섭섭하겠다는 생각을 하면서 식수대로 다시 왔습니다. 그때 뭔가 반짝이는 것이 식수대 밑에 있었어요. 뭔가 보니까 그것은 예쁜 반지였지요. 그래서 그 여자아이가 찾고 있던 것이 이것인지를 물었지요.
	33번 문장 : 이것이 네가 찾고 있던 반지니?

이야기 34번	식수대는 고장이었어요. 물이 차지 않아서 마실 수가 없군요. 소다를 하나 사려고 하는데 자판기 위에서 동네 아이가 게임기를 가지고 게임을 하네요. 요즘 새로 나온 게임 기계입니다. 존은 그 아이를 보면서 물어 봅니다. 얼마를 주고 샀냐구요.
	34번 문장 : 당신은 그것을 위해서 얼마나 지불했나요?

지금까지 나온 5개의 한국어 문장을 그림과 이야기를 함께 생각하면서 하루에 적어도 10번 정도는 반복 연습한다.

● 단어 35-39번에 연관된 기본 문장 5개 기억하기

30번 그림에서는 캠핑에서 돌아온 존이 목이 말라 식수대를 찾는 광경을 묘사하고 있다. 식수대 근처에서 뭔가를 찾던 소녀, 고장난 식수대, 식수대 밑에 떨어져 있는 반지, 고장난 자판기, 동전을 넣었으나 음료수가 나오지 않아 발로 뻥뻥 차고 있는 존, 고장난 자판기를 수리하기 위해 오고 있는 서비스맨의 이야기 등이 그려져 있다.

(영어 문장은 0~99번까지 한국어 문장 100개를 완전히 외운 뒤에 암기하도록 한다.)

㉟ **How do you** open this door?

㊱ **I can't stop complaining** about this thing.

㊲ **We are very sorry for** all the trouble we've caused you.

㊳ **How long** will it take to fix it?

㊴ **What a** mess! **What** happened here?

● 35-39번 한국어 문장

이야기 35번 | 게임을 하는 소년과 이야기를 하느라 존은 이 자판기가 고장 수리 중인 것을 몰랐습니다. 동전을 넣고 7-up 을 선택했는데 아무 것도 나오지 않네요. 그래서 바보같은 질문이지만 존은 그 소년에게 이렇게 물어봅니다.

35번 문장 : 당신은 이 문을 어떻게 여나요?

이야기 36번 | 착한 존이었지만 동전도 반환이 안 되고 소다도 나오지 않는 것에 대해서 존은 분노하고 있었지요. 자판기를 발로 뻥뻥 차보지만 동전이나 소다는 나오지 않는군요. 존은 화를 내면서 소년에게 이렇게 말합니다.

36번 문장 : 나는 이 기계에 대해서 불평하는 것을 멈출 수가 없다.

이야기 37번 | 기계를 고치러 온 수리공 아저씨는 존에게 미안하다고 말을 합니다. 겉으로는 이렇게 이야기하지만 속으로는 수리공 아저씨도 화가 좀 났을 겁니다. 존이 자기 기계를 뻥뻥 차는 것을 보았으니까요. 수리공 아저씨는 화난 것을 감추면서 다음과 같이 말합니다.

37번 문장 : 우리는 우리가 당신에게 원인을 제공한 모든 문제에 대해서 매우 미안합니다.

이야기 38번 | 존은 자신이 자판기를 뻥뻥 차는 것을 본 수리공 아저씨에게 좀 미안해집니다. 그래서 기계를 고치는 데 얼마나 걸리는가 하고 물었지요.

38번 문장 : 이것을 고치는 데 시간이 얼마나 걸리나요?

이야기 39번 | 수리공 아저씨는 금방 고칠 것이라고 합니다. 존은 미안해서 전화를 걸고 오겠다고 하면서 그 자리를 떠났지요. 존이 그 자리를 떠나자마자 수리공 아저씨는 자판기의 문을 열고 고장난 부분을 고치기 시작하는데 뭔가를 잘못 건드려 펑 하고 터집니다. 존도 이 펑 소리를 듣고 달려 왔습니다. 주변이 너무 엉망이군요. 존은 이렇게 말합니다.

39번 문장 : 와, 엉망이네! 여기에서 무슨 일이 일어났나요?

지금까지 나온 5개의 한국어 문장을 그림과 이야기를 함께 생각하면서 하루에 적어도 10번 정도는 반복 연습한다.

● 단어 40-44번에 연관된 기본 문장 5개 기억하기

40번 그림에서는 존의 친구 형인 폴이 다니고 있는 방송국에서 일어나는 일을 묘사하고 있다. 피디는 노총각인데 미스 최라는 신입사원을 좋아하고 있다. 아나운서는 열심히 일을 하는 사람이지만 아부를 하고 핑계를 대는 나쁜 습관이 있다. 일기예보관으로 일하고 있는 폴은 사법고시에 2번 낙방했다.

(영어 문장은 0~99번까지 한국어 문장 100개를 완전히 외운 뒤에 암기하도록 한다.)

⑩ **John promised to** visit Paul's office before he leaves for Egypt.

⑪ **Let me** know when she comes in.

⑫ **Why don't you** give her a call and remind her that I will stop by around 9.

⑬ **I wonder if** this pearl necklace will make her happy.

⑭ **Are you** surprised at the news?

● 40-44번 한국어 문장

이야기 40번 | 존의 친구 형인 폴은 사법고시에 2번 떨어진 뒤 방송국에서 임시로 일기예보관 일을 하고 있습니다. 폴은 존에게 자기가 일하는 방송국에 한번 놀러 오라고 합니다. 그래서 존은 폴이 다니고 있는 방송국을 방문할 것을 약속합니다.

40번 문장 : 존은 그가 이집트로 떠나기 전에 폴의 사무실을 방문할 것을 약속했다.

이야기 41번 | 피디는 바람둥이로 41세가 되도록 결혼을 하지 않은 노총각입니다. 미스 최에게 첫눈에 반해서 청혼을 하려고 하는데 오늘 따라 미스 최가 늦게 들어옵니다. 애타게 기다리던 피디가 어떤 직원에게 말합니다.

41번 문장 : 나에게 그녀가 출근하면 알려주세요.

이야기 42번 | 그때 미스 최로부터 아파서 결근한다는 전화가 왔네요. 그래서 피디는 전화를 받은 직원에게 미스 최에게 전화해서 자신이 9시쯤 들르겠다고 전하라고 합니다. 피디가 완전히 미스 최에게 빠졌습니다.

42번 문장 : 내가 9시에 가겠다고 그녀에게 전화해줘요.

이야기 43번 | 미스 최가 오늘 왜 안 나왔을까를 생각하니 마음이 초조해집니다. 피디는 500만 원을 주고 산 진주 목걸이를 만지면서 중얼거립니다.

43번 문장 : 나는 이 진주 목걸이가 그녀를 행복하게 할지 의문이야.

이야기 44번 | 피디는 미스 최 생각을 하고 있다가 9.11 사태 소식을 듣고 정신이 번쩍 들었지요. 아나운서가 놀란 표정의 피디를 행해서 이렇게 질문합니다.

44번 문장 : 당신은 그 뉴스에 놀랐나요?

지금까지 나온 5개의 한국어 문장을 그림과 이야기를 함께 생각하면서 하루에 적어도 10번 정도는 반복 연습한다.

● 단어 45-49번에 연관된 기본 문장 5개 기억하기

40번 그림에서는 존의 친구 형인 폴이 다니고 있는 방송국에서 일어나는 일을 묘사하고 있다. 피디는 노총각인데 미스 최라는 신입사원을 좋아하고 있다. 아나운서는 열심히 일을 하는 사람이지만 아부를 하고 핑계를 대는 나쁜 습관이 있다. 일기예보관으로 일하고 있는 폴은 사법고시에 2번 낙방했다.

(영어 문장은 0~99번까지 한국어 문장 100개를 완전히 외운 뒤에 암기하도록 한다.)

⑮ **Do you want me to** verify that for you?

⑯ **It was** here on the table this morning, but it's gone now.

⑰ **It's obvious that** he failed the exam twice before he became a broadcaster.

⑱ **The reason why** he failed the exam was because he simply didn't study hard enough.

⑲ **It's too bad that** he has no time to study.

● 45-49번 한국어 문장

이야기 45번	아나운서는 이번 기회에 피디에게 톡톡히 점수를 따려고 마음먹은 모양입니다. 피디에게 그 뉴스에 대한 사실 여부를 확인해주기를 원하는지 물었어요.
	45번 문장 : 당신은 내가 당신을 위해서 그것을 확인해주기를 원하나요?

이야기 46번	아나운서는 차를 타고 나가려고 자신의 차 열쇠를 찾는데 도무지 보이질 않습니다. 분명 탁자 위에 놓았었는데…. 어디로 사라진 걸까요? 사실은 탁자 밑에 떨어져 있는데, 그걸 보지 못한 모양이에요.
	46번 문장 : 그것은 아침에 여기 있었는데 그것이 지금은 없어졌네요.

이야기 47번	폴은 자신이 몇 번 사법고시에 떨어졌는지를 말하지 않았지만 책상 앞에 '3 번째는 꼭 붙는다'라고 써 붙였습니다. 이것을 본 사람들은 수근대면서 '시험에 2번 떨어진 것이 분명해'라고 말하지요.
	47번 문장 : 그가 방송인이 되기 전에 그 시험에 2번 떨어진 것이 확실합니다.

이야기 48번	존은 폴이 시험에 떨어진 이유가 너무 바빠서 공부를 열심히 하지 못했기 때문이라는 걸 알고 있어요. 해외 출장도 잦았기 때문에 시험을 준비할 시간이 없었던 거지요. 다른 사람들이 다른 말을 할까 걱정이 된 존은 폴의 입장을 옹호하면서 그가 시험에 떨어진 이유를 설명합니다.
	48번 문장 : 그가 그 시험에 떨어진 이유는 그가 열심히 공부를 할 수 없었기 때문입니다.

이야기 49번	존은 폴이 열심히 공부한다면 시험에 합격할 거라며 대신 변명을 해줍니다. 사람들도 그 말에는 수긍을 하는군요. 그러면서 공부를 할 시간이 없었던 폴의 상황을 다음과 같은 말로 위로합니다.
	49번 문장 : 그가 공부할 시간이 없었던 것은 참 안 됐네요.

지금까지 나온 5개의 한국어 문장을 그림과 이야기를 함께 생각하면서 하루에 적어도 10번 정도는 반복 연습한다.

● 단어 50-54번에 연관된 기본 문장 5개 기억하기

50번 그림에서는 존의 할아버지와 할머니의 결혼 50주년 기념일 행사에 관한 이야기가 소개된다. 사진사는 채식주의자이고, 할아버지는 변호사였지만 지금은 은퇴했다. 할머니는 담배 연기에 알레르기가 있고, 피터는 공부는 썩 잘 하지 못하지만 마음은 착해서 심부름을 잘 하는 상황들이 묘사되어 있다.

(영어 문장은 0~99번까지 한국어 문장 100개를 완전히 외운 뒤에 암기하도록 한다.)

50 **He used to** be a lawyer, but he retired last year.

51 **I hate to** admit it, but it's true. I am a vegetarian.

52 **Be sure to** call me as soon as you get to Tokyo, will you?

53 **It's** not easy for me **to** learn English and Japanese at the same time.

54 **Thanks for** com**ing**. Hope to see you again soon.

● 50-54번 한국어 문장

이야기 50번 존의 할아버지와 할머니는 결혼한 지 50년이 되셨어요. 금혼식 기념 잔치에 초대받은 손님들은 이 노부부에 대해 자녀는 몇 명이나 두었는지, 존의 할아버지는 무엇을 하던 분이었는지 등을 말합니다.

50번 문장 : 그는 변호사였지만 작년에 은퇴했습니다.

이야기 51번 노부부의 촬영을 맡은 사진사는 잔칫집에 와서 아직 밥을 안 먹었습니다. 알고 보니 그 사진사는 고기를 먹지 않는데 이날 음식이 다 고기 종류였기 때문이에요. 할머니는 사진사에게 고기를 안 먹는 것이 사실인지 묻습니다. 그랬더니 사진사는 머리를 극적이며 다음과 같이 말합니다.

51번 문장 : 나는 그것을 인정하기 싫지만 그것은 사실이에요. 나는 채식주의자입니다.

이야기 52번 사진사는 이 노부부가 도쿄로 여행 갈 예정이라는 것을 알게 됐어요. 자식들에게 금혼식 기념으로 일본행 비행기표를 받았거든요. 가고는 싶은데 아직 경제적인 여유가 없어 갈 엄두도 못 내고 있던 사진사는 할아버지에게 일본에 가면 전화를 꼭 좀 해달라고 부탁합니다. 뭔가 물어보고 싶은 게 있나 봅니다.

52번 문장 : 당신이 도쿄에 도착하자마자 나에게 전화하는 거 확실하게 하세요. 그럴 거죠?

이야기 53번 사진사가 사진기를 움직이다 발 밑에서 어떤 종이를 발견했는데 거기에는 영어와 일본어를 동시에 배우는 것이 쉽지 않다고 적혀 있습니다.

53번 문장 : 나는 영어와 일본어를 동시에 배우고 있는데 쉽지가 않아요.

이야기 54번 사진사가 사진을 다 찍자 할아버지는 사진사에게 와 줘서 고맙다는 인사를 합니다.

54번 문장 : 와 주어서 감사합니다.

지금까지 나온 5개의 한국어 문장을 그림과 이야기를 함께 생각하면서 하루에 적어도 10번 정도는 반복 연습한다.

● 단어 55-59번에 연관된 기본 문장 5개 기억하기

(50) 50TH ANNIVERSARY

50번 그림에서는 존의 할아버지와 할머니의 결혼 50주년 기념일 행사에 관한 이야기가 소개된다. 사진사는 채식주의자이고, 할아버지는 변호사였지만 지금은 은퇴했다. 할머니는 담배 연기에 알레르기가 있고, 피터는 공부는 썩 잘 하지 못하지만 마음은 착해서 심부름을 잘 하는 상황들이 묘사되어 있다.

(영어 문장은 0~99번까지 한국어 문장 100개를 완전히 외운 뒤에 암기하도록 한다.)

(50) **Would you mind** open**ing** the door?

(51) **I don't feel like** go**ing** out tonight.

(52) **Will you have** him deliver it to my office?

(53) **Before** I go, why don't I take a picture of the sleeping puppy?

(54) **Having done** that, I guess I can go home now.

● 55-59번 한국어 문장

이야기 55번 | 사진 찍는 것이 다 끝났지요. 채식주의자인 사진사는 아직 아무 것도 못 먹었어요. 허기가 진 배를 달래기 위해 그는 담배 한 대를 꺼내 피우기 시작합니다. 그런데 갑자기 할머니가 "콜록 콜록" 하고 기침을 하시네요. 이런! 할머니는 담배 연기에 알레르기가 있었던 거예요. 그래서 할머니는 사진사에게 문을 좀 열어달라고 부탁합니다.

55번 문장 : 당신은 창문을 여는 것을 꺼려합니까?

이야기 56번 | 할아버지는 사진사가 저녁을 못 먹은 것이 몹시 마음에 걸리신 모양입니다. 그래서 할머니에게 사진사를 데리고 나가 저녁을 대접해야 할지 물어보는데 할머니는 피곤해서 나가고 싶지 않다고 하네요. 할머니는 피곤하다고 했지만 사실은 담배를 피운 사진사가 미웠던 거예요.

56번 문장 : 나는 오늘 밤 나가고 싶은 기분이 아니에요.

이야기 57번 | 할머니가 밖에 나가고 싶지 않다고 하니까 할아버지도 어쩔 수 없지요. 그래서 할아버지는 선물로 들어온 과일 바구니를 사진사에게 가져 가겠느냐고 물었지요. 사진사는 물론 좋아했고요. 그런데 사진사는 들고 가야 할 사진 장비가 많아 도저히 과일 바구니까지 들고 갈 엄두가 나지 않았어요. 그래서 할아버지에게 손자인 피터를 시켜 자신의 사무실까지 그것을 가져다 줄 수 있는지를 물었지요.

57번 문장 : 당신은 그로 하여금 그것을 나의 사무실로 우송하도록 해 주실래요?

이야기 58번 | 사진사가 피터와 함께 문쪽으로 나가는데 마침 문 옆에 피터의 예쁜 강아지 한 마리가 잠을 자고 있는 것이 보였어요. 사진사는 동물과 아이들 그리고 자연 풍경 찍기를 좋아합니다. 사진사는 잠시 멈추더니 그 강아지의 사진을 찍어 주고 싶다고 이렇게 말합니다.

58번 문장 : 내가 가기 전에, 내가 자고 있는 강아지의 사진을 찍어 주자꾸나.

이야기 59번 | 사진사는 강아지의 사진을 여러 장 찍은 후, 카메라를 집어 넣으며 집에 갈 준비를 합니다. 이제 계획한 모든 것이 끝났군요. 사진사는 일어나면서 다음과 같이 말하지요.

59번 문장 : 그것을 했으니 나는 내가 지금 집에 갈 수 있다고 생각해.

지금까지 나온 5개의 한국어 문장을 그림과 이야기를 함께 생각하면서 하루에 적어도 10번 정도는 반복 연습한다.

60번은 존의 아버지 병원에서 일어나는 상황이다. 여자 환자는 남자친구와 헤어져 남자를 증오하고, 침상에 누워 있는 환자는 병원 생활을 즐기고 있고, 남편이 백수인 간호사는 속이 타는 상황 등을 그리고 있다.

(영어 문장은 0~99번까지 한국어 문장 100개를 완전히 외운 뒤에 암기하도록 한다.)

60 **It turned out that** they were struck by lightning.

61 **Be** careful! You are as bad as my ex-boyfriend.

62 **This is better than** the other one.

63 **No one is** worse than my ex-boyfriend.

64 **I guess** he must have fallen from the roof.

● 60-64번 한국어 문장

이야기 60번 존은 아버지의 병원에 들러서 평소 알고 지내던 간호사와 직원들에게 이집트로 유학을 가게 되었다고 인사를 합니다. 그때 어떤 여자와 남자가 응급실로 실려 왔는데 왜 이렇게 다쳤는지를 아무도 모릅니다. 나중에 그들은 공원에 있다가 날벼락을 맞은 것으로 판명이 납니다.

60번 문장 : 그들이 벼락에 맞은 것으로 판명되었어요.

이야기 61번 간호사 아저씨가 앞쪽에 있던 뭔가를 미쳐 보지 못하고 휠체어를 밀다가 휠체어가 그만 "쿵" 소리를 내며 받혔어요. 그러자 휠체어에 앉아 있던 여자는 그에게 조심하라며 마구 신경질을 냅니다. 이 여자 환자는 남자친구에게 차여서 모든 남자들에 대해서 감정이 나쁩니다.

61번 문장 : 조심해요. 당신은 나의 지난 번 남자친구만큼 나빠요.

이야기 62번 병원에서 환자들의 만족도를 높이기 위해서 인형을 나누어 주었습니다. 이 여자 환자는 분홍색 인형을 달라고 했는데 푸른색의 인형이 왔어요. 뭔가 착오가 있었지요. 여자 환자는 또 신경질을 내며 분홍색으로 바꾸어 달라고 하는군요. 간호사가 분홍색으로 바꾸어 가지고 뛰어 왔습니다. 그리고는 이렇게 말합니다.

62번 문장 : 이것이 지난 번 것보다 더 좋습니다.

이야기 63번 이 여자 환자가 다른 간호사와 이야기하는 동안 혹시라도 휠체어가 흘러 내릴까 걱정이 되어 남자 간호사 선생님이 휠체어의 바퀴를 잠그는군요. 그것을 본 여자 환자는 고개를 끄덕이더니 이렇게 말합니다.

63번 문장 : 아무도 나의 지난 번 남자친구보다 나쁜 사람은 없어요.

이야기 64번 침대에 누워 있는 남자 환자에게 두 친구가 병문안을 왔습니다. 그 환자는 병원에서 놀고 먹는 것이 좋아 그냥 자는 척을 하였지요. 그들은 어쩌다가 이 친구가 다쳤는지를 몰라서 이런저런 추측을 해봅니다. 한 친구가 남자 환자의 다리가 부러진 것을 보면서 이렇게 말합니다.

64번 문장 : 나는 그가 지붕에서 떨어진 게 틀림없다고 생각해.

지금까지 나온 5개의 한국어 문장을 그림과 이야기를 함께 생각하면서 하루에 적어도 10번 정도는 반복 연습한다.

● 단어 65-69번에 연관된 기본 문장 5개 기억하기

60번은 존의 아버지 병원에서 일어나는 상황이다. 여자 환자는 남자친구와 헤어져 남자를 증오하고, 침상에 누워 있는 환자는 병원 생활을 즐기고 있고, 남편이 백수인 간호사는 속이 타는 상황 등을 그리고 있다.

(영어 문장은 0~99번까지 한국어 문장 100개를 완전히 외운 뒤에 암기하도록 한다.)

⑥⑤ **What have you** done today?

⑥⑥ **I have been** watching TV since 2 o'clock this afternoon.

⑥⑦ **You mean** you didn't have an interview today?

⑥⑧ **I'd rather** stay home tonight.

⑥⑨ **How about** Jimmy? Is he working today?

● 65-69번 한국어 문장

이야기 65번

자는 척 하고 있던 남자 환자는 친구들이 하는 이야기를 듣고 있다가 잠에서 깨는 척 하며 일어납니다. 병문안 온 친구들이 반가워하면서 이런저런 것을 묻다가 오늘 한 일이 무엇인가라고 묻지요.

65번 문장 : 당신은 오늘 무엇을 하셨나요?

이야기 66번

그러자 환자인 친구는 별로 한 일은 없고 오후 2시부터 계속해서 TV만 보고 있었다고 대답했어요. 친구들이 보기에는 그가 병원 생활을 즐기는 것처럼 보입니다. 좀 꾀병도 있어 보이네요.

66번 문장 : 나는 오후 2시부터 줄곧 TV를 보고 있는 중입니다.

이야기 67번

간호사의 남편은 백수입니다. 늘 맥주나 마시며 TV만 보는 그런 남편인데 오늘은 어떤 회사에 면접을 보러 간다고 하는군요. 웬일일까요? 어쨌든 간호사인 부인은 기대를 합니다. 그런데 이 백수 남편은 TV에 나오는 축구 경기를 보다가 그만 면접 약속 시간을 넘기고 말았어요. 허겁지겁 가보니 그때는 이미 사무실 문이 닫혀 있었지요. 나중에 백수 남편은 부인에게 전화를 해서 이 같은 사실을 전합니다. 간호사 부인은 자신의 귀를 의심하며 면접을 보지 않은 것이 사실인지 다시 물었습니다.

67번 문장 : 당신은 오늘 인터뷰를 하지 않았단 말인가요?

이야기 68번

간호사는 오늘 저녁에 친구와 함께 외식을 하려고 했었는데…. 일이 이렇게 되고 보니 그럴 기분이 아닌 모양입니다. 저녁 약속 시간이 되자 친구가 와서 나가서 저녁을 먹을 건지 묻습니다. 간호사는 전혀 나가고 싶은 생각이 들지 않아서 그냥 집에 있겠다고 하네요.

68번 문장 : 나는 차라리 오늘 밤 집에 머물래요.

이야기 69번

친구는 간호사의 심정이 충분히 이해되었습니다. 그런데 문제는 오늘 저녁 병원에서 필요한 짐 꾸러미를 누가 가져 오는가 하는 것이었어요. 그 두 사람은 저녁을 먹고 돌아오는 길에 시내에 있는 약국에 들러 그것을 가져오려고 했었는데 외식을 취소했으니 누군가를 시켜야 했습니다. 그때 문득 간호사는 지미라는 아르바이트생이 떠올랐어요.

69번 문장 : 지미는 어때요? 그가 오늘 일하나요?

지금까지 나온 5개의 한국어 문장을 그림과 이야기를 함께 생각하면서 하루에 적어도 10번 정도는 반복 연습한다.

● 단어 70-74번에 연관된 기본 문장 5개 기억하기

⑦ 7-24 STORE

70번은 존의 이모네 가게에서 일어나는 일들을 묘사하고 있다. 이모는 지금 유럽 여행 중이다. 매니저에게 가게를 맡기고 여행을 갔는데 그 사이에 도둑이 들어왔다. 청원경찰은 내일 모레 은퇴하기 때문에 가게 일에 관심이 없이 쿨쿨 잠만 자고 있다. 도둑의 아버지는 경찰서장인데 할 일이 없어서 도둑질을 했다고 한다. 매니저가 우유부단해서 결정을 내리지 못하는 상황 등을 그리고 있다.
(영어 문장은 0~99번까지 한국어 문장 100개를 완전히 외운 뒤에 암기하도록 한다.)

⑦ **It seems to me** he doesn't care about anything anymore.

⑦ **What do you think of** the security guard who is sleeping while he's on duty?

⑦ **Is it all right if** I borrow your cell phone for a minute?

⑦ **That's why** he is still around here even though he keeps messing up like this.

⑦ **There was nothing** to do. That's what he said to the police.

● 70-74번 한국어 문장

이야기 70번 | 존은 이모가 주인인 7-24 가게 옆을 친구와 함께 지나가다 가게에 도둑이 든 것을 목격합니다. 그런데 더 놀라운 것은 그 가게에는 청원경찰이 한 명 있는데, 도둑이 든 줄도 모르고 꾸벅꾸벅 졸고 있지 뭐예요! 존의 친구는 이 어이없는 광경을 보고 이렇게 말 합니다.

70번 문장 : 내가 보기에는 그는 더 이상 아무 것에도 신경 쓰지 않는 것 같이 보인다.

이야기 71번 | 존과 친구는 도둑이 사라진 후 가게 안으로 들어갔습니다. 청원 경찰은 아직도 세상 모르고 자고 있네요. 정말 한심한 노릇입니다. 존은 친구에게 근무 시간에 조는 청원경찰에 대해서 어떻게 생각하는지 묻습니다.

71번 문장 : 당신은 직무 중에 잠을 자는 청원경찰을 어떻게 생각하나요?

이야기 72번 | 도둑이 전화선을 모두 끊어 놓은 바람에 존과 친구는 청원경찰의 휴대전화를 빌리려고 합니다. 그래서 존은 청원경찰에게 다가가 말을 꺼내 보지만, 잠에서 영 깨어나질 않네요. 존은 청원경찰을 흔들어 깨우며 이렇게 말합니다.

72번 문장 : 내가 잠시 동안 당신의 휴대전화를 빌려도 괜찮나요?

이야기 73번 | 존은 청원경찰의 허리춤에서 휴대전화를 빼 얼른 경찰에 신고를 했습니다. 그랬더니 경찰은 신기하게도 이 가게의 청원경찰이 근무 시간에 존다는 사실까지 알고 있었어요. 도대체 어떻게 된 영문일까요? 경찰로부터 사정 얘기를 듣자니 이 청원경찰이 잘 조는 허점을 이용해서 도둑을 잡으려고 했다는 거예요. 존이 친구에게 그 얘기를 해주자 그제서야 친구도 그 청원경찰이 해고당하지 않은 이유를 알게 되었답니다.

73번 문장 : 그것이 그가 이렇게 농땡이를 쳐도 아직 여기에 있는 이유입니다.

이야기 74번 | 마침내 도둑이 경찰에 붙잡혔습니다. 경찰 조사에서 도둑은 도둑질한 이유를 묻는 경찰에게 할 일이 없어서 심심해서 그랬다고 대답했어요.

74번 문장 : 할 일이 없었어요. 그것이 그가 경찰에게 한 말이었어요.

지금까지 나온 5개의 한국어 문장을 그림과 이야기를 함께 생각하면서 하루에 적어도 10번 정도는 반복 연습한다.

● 단어 75-79번에 연관된 기본 문장 5개 기억하기

⑦ 7-24 STORE

70번은 존의 이모네 가게에서 일어나는 일들을 묘사하고 있다. 이모는 지금 유럽 여행 중이다. 매니저에게 가게를 맡기고 여행을 갔는데 그 사이에 도둑이 들어왔다. 청원경찰은 내일 모레 은퇴하기 때문에 가게 일에 관심이 없이 쿨쿨 잠만 자고 있다. 도둑의 아버지는 경찰서장인데 할 일이 없어서 도둑질을 했다고 한다. 매니저가 우유부단해서 결정을 내리지 못하는 상황 등을 그리고 있다.

(영어 문장은 0~99번까지 한국어 문장 100개를 완전히 외운 뒤에 암기하도록 한다.)

⑦ **When** they asked his name, he refused to answer.

⑦ **No wonder** he didn't want to give his name.

⑦ **Which do you like better**, the red one or the yellow one?

⑦ **You are supposed to** make decisions around here.

⑦ **What if** we use yellow tape instead?

● 75-79번 한국어 문장

이야기 75번 | 존은 경찰이 조사할 때 같이 있었던 경찰들에게 다가가 그 도둑이 누구인지 물었습니다. 그러자 그중 한 명이 그들이 그의 이름을 물었을 때 그가 대답을 거부했다고 얘기해 줍니다. 또 다른 경찰은 나중에야 그가 경찰서장의 아들임을 알아냈다고 말합니다.

75번 문장 : 그들이 그의 이름을 물었을 때, 그는 답하기를 거절했지요.

이야기 76번 | 아버지는 경찰이고 아들은 도둑이라…. 세상에! 이런 기가 막힌 경우가 또 있을까요? 그러니까 도둑은 자신의 이름을 대면 아버지가 누구인지 알려지게 될까 봐 두려웠던 거예요. 그나마 이 도둑이 양심은 좀 있군요.

76번 문장 : 어쩐지 그가 그의 이름을 밝히기를 원치 않더라.

이야기 77번 | 경찰은 절도 현장을 보존하기 위해서 카운터 주변을 테이프로 막으려 합니다. 그래서 이 가게를 관리하는 매니저에게 빨간색과 노란색 테이프 중 어느 것을 원하는지 물었지요.

77번 문장 : 빨간 것과 노란 것 중에서 당신은 어느 것을 더 좋아하나요?

이야기 78번 | 매니저는 아주 우유부단한 사람입니다. 그래서 무슨 일이든 스스로 결정하는 법이 없지요. 그 매니저는 경찰에게 사장에게 전화를 걸어 물어봐야 한다고 말합니다. 그 말을 들은 경찰은 어이없어하면서 매니저에게 핀잔을 주며 그의 직무를 상기시킵니다.

78번 문장 : 당신은 여기에서 결정을 내리기로 되어 있어요.

이야기 79번 | 결국 매니저가 사장과 통화를 해서 빨간색 테이프로 결정했는데 막상 경찰이 빨간색 테이프를 쓰려고 보니 테이프가 조금밖에 남아 있지 않아요. 그래서 매니저에게 빨간색 테이프 대신에 노란색 테이프를 사용하면 어떨지 물어봅니다.

79번 문장 : 우리가 노란색 테이프를 사용하면 어떨까요?

지금까지 나온 5개의 한국어 문장을 그림과 이야기를 함께 생각하면서 하루에 적어도 10번 정도는 반복 연습한다.

80번 그림은 존이 초등학교 은사를 찾아가 인사를 하는 상황이다. 청소부 아주머니는 남편이 직업을 잃어버려서 2개의 직업을 갖고 일하느라 잠이 부족해서 환상을 본다. 선생님은 다른 사람 말에 참견하기를 좋아한다. 피터는 여학생을 좋아하지만 그 여학생은 피터를 싫어한다. 여학생은 공부도 잘하고 예쁘지만 물질에 약한 단점이 있다는 상황 등을 묘사하고 있다.

(영어 문장은 0~99번까지 한국어 문장 100개를 완전히 외운 뒤에 암기하도록 한다.)

⑧⓪ **She didn't realize** what she was talking about until the teacher asked the question.

⑧① **I don't know why** you say that.

⑧② **All you have to do** is fill out this application form.

⑧③ **Whatever** you decide to do doesn't make any difference to me.

⑧④ Both Peter and his friend like her. **That makes** Peter worried.

● 80-84번 한국어 문장

이야기 80번	존은 자신의 초등학교 선생님께 인사를 드리러 갔습니다. 아직 수업 중이었지만 청소부 아주머니가 교실로 들어가길래 존도 따라 들어갔습니다. 창문 너머로 7-24 가게 앞에 경찰차 두 대가 와 있는 것을 보고 도둑이 두 번 든 것으로 착각을 한 아주머니는 그 얘기를 꺼내며 이제 그 7-24 가게는 망했다고 중얼거립니다. 실제로 도둑이 두 번 들어온 게 아닌데 아주머니가 피곤해서 환상을 본 거죠. **80번 문장 :** 그녀는 선생님이 그 질문을 할 때까지는 그녀가 무엇에 대해서 말하는지를 몰랐어요.
이야기 81번	7-24 가게의 도둑사건을 잘 아는 선생님은 도대체 무슨 근거로 그러세요? 라고 하면서 아주머니에게 왜 그런 이야기를 하는지를 모르겠다고 합니다. **81번 문장 :** 나는 왜 당신이 그렇게 말하는지를 모르겠네요.
이야기 82번	아주머니는 확실히 모르겠지만 그 당시에는 그렇게 느꼈다고 말했습니다. 그러자 선생님은 너무 피곤해서 착각한 것이라고 합니다. 그리고 며칠 휴가를 갔다 올 것을 제안하면서 휴가 신청을 어떻게 하는지를 알려줍니다. **82번 문장 :** 당신이 해야 할 모든 것은 이 신청서를 작성하는 것입니다.
이야기 83번	아주머니는 겁이 났던 거예요. 혹시나 선생님이 자신을 휴가 보내 놓고는 다른 청소부를 고용할까 봐 내심 걱정이 된 거지요. 그래서 안 가겠다고 하면서 왜 휴가를 가라고 하냐고 따지기까지 합니다. 선생님은 그것은 오해라며 그 아주머니가 어떻게 결정하든지 상관없다고 말하지요. **83번 문장 :** 당신이 무엇을 하기로 결정하든지 나에게는 아무 차이도 없습니다.
이야기 84번	존의 동생 피터는 맞은편에 앉은 여학생을 좋아합니다. 그런데 문제는 그 반의 반장도 그 여학생을 좋아한다는 거예요. 말하자면 삼각관계에 빠져 있답니다. 선생님이 존에게 이런 이야기를 슬며시 알려줍니다. **84번 문장 :** 그 둘 모두가 그녀를 좋아했고 그것이 피터를 염려하게 만들었다.

지금까지 나온 5개의 한국어 문장을 그림과 이야기를 함께 생각하면서 하루에 적어도 10번 정도는 반복 연습한다.

● 단어 85-89번에 연관된 기본 문장 5개 기억하기

80번 그림은 존이 초등학교 은사를 찾아가 인사를 하는 상황이다. 청소부 아주머니는 남편이 직업을 잃어버려서 2개의 직업을 갖고 일하느라 잠이 부족해서 환상을 본다. 선생님은 다른 사람 말에 참견하기를 좋아한다. 피터는 여학생을 좋아하지만 그 여학생은 피터를 싫어한다. 여학생은 공부도 잘하고 예쁘지만 물질에 약한 단점이 있다는 상황 등을 묘사하고 있다.

(영어 문장은 0~99번까지 한국어 문장 100개를 완전히 외운 뒤에 암기하도록 한다.)

⑧⑤ **No matter how** hard I study, I am not getting any better.

⑧⑥ **I wouldn't say that** Peter's friend is much better than he.

⑧⑦ **If** it rains, I am not going out with you.

⑧⑧ **Even if** it rains, I will still go out with you.

⑧⑨ **While** you may have a point there, I don't think there is anything to worry about.

● 85-89번 한국어 문장

이야기 85번 ┃ 피터는 마음은 착한데 공부를 잘 못합니다. 반장은 공부를 잘하는데 말이에요. 그래서 죽을 힘을 다해 열심히 공부하는데도 도무지 성적이 오르질 않네요. 하루는 피터가 자신이 얼마나 열심히 공부하는지를 그녀에게 하소연해 봅니다.

85번 문장 : 내가 아무리 열심히 공부한다 해도, 나는 더 잘할 수 없는 것처럼 보이네요.

이야기 86번 ┃ 존은 동생이 옆의 소녀와 하는 이야기를 들으면서 선생님께 물어봅니다. 제 동생이 그렇게 공부를 못합니까? 라고 하니까 선생님은 다 비슷비슷해 라고 하면서 피터의 친구가 피터보다 꼭 잘 한다고는 못해, 라며 다음과 같이 말 하지요.

86번 문장 : 나는 피터의 친구가 그보다 훨씬 낫다고는 말하지 않을 테다.

이야기 87번 ┃ 피터는 그 여학생을 좋아합니다. 그런데 그 여학생이 좋아하는 음악회의 표가 매진되어 갈 수 없다고 고민하는 것을 피터가 봅니다. 피터는 공연표를 두 장 구해 와서는 같이 가자고 말을 꺼냈어요. 그녀는 그 구하기도 어려운 공연표를 보더니 순간 눈빛이 달라졌습니다. 그녀가 너무나 보고 싶어했던 공연이었거든요. 하지만 그녀는 피터를 좋아하지 않았기 때문에 비가 오면 안 가겠다고 조건을 답니다.

87번 문장 : 만약 비가 온다면 나는 너와 나가지 않을 거야.

이야기 88번 ┃ 피터는 비가 오면 가지 않겠다는 그녀의 말에 실망을 합니다. 모든 계획이 수포로 돌아갈 수도 있으니까요. 그래서 비가 와도 가자고 자꾸 조릅니다. 그러자 그녀는 마지못해 비가 오더라도 가겠다고 승낙을 하고 마는군요.

88번 문장 : 비가 온다 해도, 나는 여전히 너와 함께 나갈 거야.

이야기 89번 ┃ 피터는 존에게 부탁하여 존의 친구 형인 폴에게 이번 주말 날씨를 물어봐달라고 합니다. 그녀와의 첫 데이트인데 비가 오면 곤란하니까요. 다행히도 당분간은 비가 내리지 않을 거라고 하네요. 이 소식을 전해 들은 피터는 신이 나서 그 여학생에게 비 오는 것에 관해서는 걱정하지 말라며 이렇게 말합니다.

89번 문장 : 네가 그 점을 우려하는 반면에, 나는 거기에 대해 별로 걱정할 것이 없다고 생각한다.

지금까지 나온 5개의 한국어 문장을 그림과 이야기를 함께 생각하면서 하루에 적어도 10번 정도는 반복 연습한다.

90번 그림은 존이 이집트에 가서 파트타임으로 일을 하면서 지내는 상황을 그리고 있다. 정 회장님은 90세지만 정정해서 피라미드를 오르다 그만 심장마비를 일으킨다. 응급요원들은 정 회장님이 어디에 있는지 몰라 헤메고, 김 사장은 장미가 비싼 것을 보고 놀라고, 압둘라 사장은 관광객들이 다시 사무실로 오는 것을 보고 장사가 잘 안 된다고 실망해서 뭐라고 중얼댄다는 상황 등이 그려져 있다.

(영어 문장은 0~99번까지 한국어 문장 100개를 완전히 외운 뒤에 암기하도록 한다.)

⑨⓪ **In case** you haven't heard this, John became one of the best managers in the company.

⑨① **He was so excited that** he asked his personal assistant to buy everybody a drink.

⑨② **You'd better** realize that there is no other way.

⑨③ **Would it be** possible for you to tell us how he is doing?

⑨④ **I would appreciate it if** you could share this with your friends.

● 90-94번 한국어 문장

이야기 90번

드디어 존은 비행기를 타고 이집트로 유학을 왔습니다. 그는 매우 열심히 생활했고, 그 모습을 지켜본 사람들은 아버지가 부유한 의사인데도 스스로 학비를 벌어가며 열심히 공부하는 것이며, 또 관광회사에 들어가 열심히 일해 가장 유능한 관리자가 된 것에 대해 칭찬을 아끼지 않습니다.

90번 문장 : 네가 듣지 못했을까 봐 이야기해 주는데, 존은 그 회사의 가장 우수한 관리자 중 한 사람이 되었다.

이야기 91번

존은 한국에서 온 관광객들을 정성껏 안내했어요. 그들 중에는 정 회장이라고 불리는 분이 있었는데 연세가 많으신데도 매우 정정해 보이셨어요. 피라미드에 올라갈 차례가 되었을 때 사람들은 정 회장에게 올라가지 말 것을 권유했지만 그분은 선두에 서서 가장 먼저 올라가셨지요. 정 회장은 너무나 기뻐서 흥분한 나머지 거기서 모든 사람들에게 술을 한잔 샀지요.

91번 문장 : 그는 너무 흥분한 나머지 모든 사람들에게 술을 한잔 샀다.

이야기 92번

정 회장은 너무 술에 취한 나머지 그만 심장마비를 일으키고 맙니다. 사람들은 서둘러 구급차를 불렀어요. 그러나 그 넓은 곳에서 정 회장이 있는 곳을 찾기란 쉬운 일이 아니지요. 구급대원들이 여기저기 두리번거리며 올라 오자 피라미드 중턱에서 선물가게를 하는 아저씨가 누구를 찾는지 물으면서 자기 이외는 아무도 지리를 잘 모른다고 하면서 이렇게 말합니다.

92번 문장 : 너는 다른 방법이 없다는 것을 인식하는 것이 좋겠다.

이야기 93번

마침내 선물가게 아저씨의 도움으로 정 회장을 찾은 구급대원들은 호흡이 고르지 못한 그를 피라미드 아래로 실어 내려왔어요. 사람들이 구급대원들에게 그의 상태에 대해 이렇게 물었지요.

93번 문장 : 당신은 그가 어떤 상태인지를 우리에게 말해줄 수 있나요?

이야기 94번

그날 밤 정 회장은 안타깝게도 돌아가시고 말았습니다. 존이 일하는 관광회사의 직원이 나와서 그의 별세 소식을 전해 주었지요. 그러면서 다른 친구들에게도 이 소식을 연락해달라고 조심스럽게 말합니다.

94번 문장 : 나는 당신이 당신의 친구들과 이 소식을 공유한다면 고맙겠다.

지금까지 나온 5개의 한국어 문장을 그림과 이야기를 함께 생각하면서 하루에 적어도 10번 정도는 반복 연습한다.

● 단어 95-99번에 연관된 기본 문장 5개 기억하기

⑨⓪ THE NILE RIVER

90번 그림은 존이 이집트에 가서 파트타임으로 일을 하면서 지내는 상황을 그리고 있다. 정 회장님은 90세지만 정정해서 피라미드를 오르다 그만 심장마비를 일으킨다. 응급요원들은 정 회장님이 어디에 있는지 몰라 헤메고, 김 사장은 장미가 비싼 것을 보고 놀라고, 압둘라 사장은 관광객들이 다시 사무실로 오는 것을 보고 장사가 잘 안 된다고 실망해서 뭐라고 중얼댄다는 상황 등이 그려져 있다.

(영어 문장은 0~99번까지 한국어 문장 100개를 완전히 외운 뒤에 암기하도록 한다.)

⑨⑤ **What makes you** think it is so expensive?

⑨⑥ **I am afraid that** every one of you must leave this place at once.

⑨⑦ Mr. Abdullah said, "**The more** I think about it, **the more** frustrated I get."

⑨⑧ **It appears that** they are not doing their job at all. Am I right?

⑨⑨ **Now that** all my children are in college, I have a lot of free time to do this kind of thing.

● 95-99번 한국어 문장

이야기 95번 | 평소 정 회장과 친분이 있던 김 사장은 그의 빈소에 장미꽃을 선사하고 싶어합니다. 그래서 존에게 장미가 얼마나 하는지 물어봅니다. 존은 장미 한 송이에 10만 원이라고 하는군요. 김사장은 놀라서 말을 할 수 없습니다. 존은 그런 김 사장을 보면서 사막의 물가가 비싼 줄 몰랐는가, 라고 하면서 이렇게 말합니다.

95번 문장 : 무엇이 당신으로 하여금 이게 그렇게 비싸다고 생각하게 합니까?

이야기 96번 | 그때 갑자기 안내 방송이 흘러 나왔습니다. 최근에 내린 비로 나일강이 범람해서 관광객들은 모두 안전지대로 대피해야 한다는 방송이 다음과 같이 나오는 군요.

96번 문장 : 유감스럽게도 여러분 모두는 당장에 이곳을 떠나야 합니다.

이야기 97번 | 관광회사 사장인 압둘라 씨는 화가 잔뜩 났습니다. 관광객이 몰리는 성수기에 나일강이 넘쳐서 비즈니스를 망치고 있으니 왜 안 그러겠어요? 압둘라 씨는 흥분된 목소리로 정말 짜증나 죽겠어, 라고 불평을 하며 이렇게 말하지요.

97번 문장 : 압둘라 씨는 '나는 생각하면 할 수록 더 짜증이 나요'라고 말했다.

이야기 98번 | 영어가 아직 서툰 김 사장은 자신이 압둘라 씨의 이야기를 제대로 이해했는지 확인해 보고 싶었어요. 그래서 그는 압둘라 씨에게 그들이 그들의 임무를 제대로 하지 않는다는 식으로 이렇게 말을 했지요.

98번 문장 : 그들은 그들의 일을 전혀 하지 않는 것처럼 보입니다. 제가 맞나요?

이야기 99번 | 김 사장은 문득 고인이 된 정 회장이 평소 자신에게 해 준 말이 생각났습니다. 쉬면서도 사업 구상을 하라는 말이었지요. 김 사장은 압둘라 씨에게 관광사업을 어떻게 시작하게 되었는지 물었습니다. 압둘라 씨는 아이들이 이제 모두 대학에 들어갔기 때문에 이런 일을 할 여유가 많아졌다고 이렇게 대답했지요.

99번 문장 : 자, 이제는 나의 아이들이 모두 대학에 있기 때문에 나는 이런 종류의 일을 할 수 있을 만큼 많은 자유시간이 생겼어요.

지금까지 나온 5개의 한국어 문장을 그림과 이야기를 함께 생각하면서 하루에 적어도 10번 정도는 반복 연습한다.

900 응용 문장으로
영어를 정복하자!

900개 응용 문장에 대해서

암기만으로 영어를 잘하게 될 수는 없다. 일정 양의 암기는 절대로
필요하지만 암기만 한다고 영어가 잘 되는 것은 아니다.
암기한 문장을 응용하는 것이 매우 중요하다. 우리의 혀와 입술 등의
구강 구조는 한국어에 익숙해져 있다. 한국어에 익숙한 혀를 비롯한
구강 시스템을 영어에 익숙하게 만들기 위해서는 암기한 문장을
반복 연습 하는 것이 중요하다. 마치 미국에 갔다고 생각하고 영어로
매일 중얼거리라는 말이다.

그런데 자꾸 암기를 하다보면 자칫 잘못 되어 영어 공부를 하는 것이
아니라 암기 공부를 하게 된다. 무엇을 말하는지도 모르는 채 영어로
중얼댄다. 물론 이렇게 하는 것도 중요하고 나중에 도움이 되지만
영어 공부를 잘하는 방법은 암기한 문장과 비슷한 구조의 영어
문장을 만들어 보는 것이다.

예를 들면 1번 문장은 "I need to fix my car as soon as
possible"이다. 이 문장에서 car 대신에 computer를 집어 넣어도
말이 된다. 고칠 수 있는 물건의 이름을 대신 집어 넣으면 다른 영어
문장이 된다는 말이다.

일러두기

① 본문과 동영상 강의의 문장들은 조금 다를 수 있다. 해당 내용을 전
하는 데는 아무런 문제가 없지만 미리 양해를 바란다.
② 한국어 문장은 우리가 일상적으로 쓰는 문장과 약간 차이가 난다.
이는 영어 문장의 구조와 핵심을 정확하게 전달하기 위한 저자의 의
도이므로 그 안에 담긴 뜻을 충분히 생각하면서 암기하는 게 좋다.

이렇게 암기한 문장에서 어떤 단어를 바꾸어 다른 문장을 만드는
것이 바로 응용이다. 인 단계에서는 100 × 9 즉 900 개의
응용문장을 싣는다. 그러나 처음 기초를 공부하시는 분들에게는
좀 부담이 될 수 있다. 그래서 3단계로 나누었다. 처음 책을 볼
때는 먼저 처음에 나오는 3개의 응용문장을 공부한다. 100 × 3 즉
300개의 응용문장을 마스터하면서 암기한 문장과 비슷한 문장을
공부하는 것이다.

암기한 문장으로부터 응용문장을 만들어 사용하기 위해서는
문법적인 지식이 필요한데 이 책을 공부 하시는 분들은 아직
문법적으로 정리가 안 된 상태에 있다고 보기 때문에 응용문장을
영작하기는 좀 어렵다고 생각한다. 그래서 문법적으로 어느 정도의
수준에 있지 않은 분들은 응용문장도 연습해서 기억을 하되 빠른
시일 안에 영문법을 마스터 해서 이와 같은 응용문장을 영작하도록
계획을 해보기 바란다.

응용문장을 먼저 암기하거나 영작을 한 뒤에는 원어민 발음을 듣고
따라 하면서 그 의미가 무엇인지를 파악한다. 반대로 한국어를
보고 영어로 영작이 되도록 하고 그것이 되면 한국어 음성을 듣고
즉각적으로 영어로 말하는 수준이 되도록 한다.

짧은 회화 문장(Street English)에 대해서

이 책에는 900개의 응용문장뿐 아니라 900개의 짧은 회화 문장도 함께
실려 있다. 전에 500 짧은 문장을 부록의 형식으로 실은 적이 있었는데
이번에 900문장으로 확장했다. 이 짧은 회화 문장은 말 그대로 문장의
길이가 짧은 문장들이다. 3~6 단어가 주류를 이룬다. 이 짧은 문장들은
주로 길거리 영어 혹은 Street English라고 한다. 원어민들이 보통
길거리에서 특별한 격식을 차리지 않고 사용한다고 해서 이런 이름이
붙었다. 한 가지 조심 할 것은 학교의 리포트나 회사의 문서에는 이런
표현을 삼가는 것이 좋다. 대부분의 Street English의 특징은 문장이
짧은 대신 문법적으로 좀 어색한 문장도 있다는 것이다.

영어를 잘하기 위해서는 3가지 영어를 다 할 줄 알아야 한다. 즉 School
English, Street English 그리고 Slang이다. 우리가 문법에 맞도록
문장을 만들어 사용하는 것은 School English에 속한다. 그리고
여기에 더해 Street English를 소개하고 있다. 이 책에서는 Slang은
다루지 않고 있다.
Street English 는 많이 연습해서 익히는 것이 좋다. 중요한 것은 어떤
상황에서 순발력 있게 나오도록 연습해야 한다는 것이다. 여기에 나오는
900 개의 Street English도 한번에 다 하려고 하면 부담이 될 수
있어서 3단계로 나누어 놓았다.

처음에 하시는 분들은 1단계에 해당하는 300개를, 그것이 완전히
소화가 된 뒤에 2단계, 3단계를 공부하기 바란다. 다시 강조하지만
어떤 상황에서 적절한 표현이 툭 튀어 나오도록 연습해야 한다.
친구와 회화 파트너를 만들어 연습하는 것도 좋은 방법이다.

짧은 회화 문장도 응용문장과 같이 먼저 영어 문장을 이해할 수
있어야 하고, 한국어 문장을 보고 영어로 말하고 마지막에는 한국어
음성을 듣고 즉각적으로 영어 표현을 말하는 방법으로 공부한다.
이 Street English는 우리가 암기한 100 기본 문장을 사용하면서
사이사이에 양념 비슷하게 사용하면 된다.
매번 Street English로만 대화를 시도해도 좀 그렇고 너무 문법에
맞는 말만 골라 해도 좀 딱딱한 분위기를 연출하게 된다.
예를 들면 5번 기본 문장은 I would like to have a Diet Coke이다.
이 문장은 'would like to~'라는 패턴 문장으로 '~을 간절히
원한다'는 좋은 표현이다. 그런데 햄버거 가게에 가서는 I would like
to~ 를 사용하기보다는 명사 + please라는 표현을 사용하는 것이
좋다. 즉 바쁜 햄버거 가게에서는 "I would like to have a cheese
burger please"라고 하지 않고 "Cheese burger please"라고 해도
충분하다는 것이다. 원어민들과 직접 대화할 일이 많다면 평소에
이 책의 짧은 회화 문장들을 많이 익혀두기 바란다.

● 기본 문장 0번을 응용하는 문장과 짧은 회화 문장을 공부한다.

❶ ZOO

Once ~ : 일단 ～ 하면

Once you see all those animals, you should feel better.

일단 네가 저 모든 동물들을 보면, 너는 더 낫게 느낄 거야.

Once you taste this, I am sure you will like it.

일단 네가 이것을 맛보면, 나는 네가 이것을 좋아할 것을 확신해.

Once you burn the bridge, you can't go back.

일단 네가 다리를 불 태우면, 너는 되돌아갈 수 없어.

Once you sign up this course, you can't drop it.

일단 네가 이 코스에 등록하면, 너는 이것을 취소할 수 없어.

Once you read his book, you will understand what he is saying.

일단 네가 그의 책을 읽으면, 너는 그가 무엇을 말하는지를 이해할 수 있어.

Once I turn on the TV, I can't stop watching it.

일단 내가 텔레비전을 켜면 나는 그것을 보는 것을 중지할 수가 없어.

Once you lose someone's trust, it's not easy to get it back.

일단 네가 어떤 사람의 신뢰를 잃으면 그것을 회복하기가 쉽지 않아.

Once you lose weight, you'll feel better.

일단 네가 체중을 줄이면, 너는 더 낫게 느낄 거야.

Once you get a job, your mother will be happy.

일단 네가 직업을 얻으면 너의 엄마가 행복해할 거야.

Once you see him, you will recognize him.

일단 네가 그를 보면 너는 그를 인식하게 될 거야.

Street English

Hi!	**Either will do.**	**It doesn't fit me.**
안녕!	어떤 것이든 돼요.	저에게는 맞지가 않네요.
How?	**It's 9 o'clock.**	**What's your major?**
어떻게?	9시입니다.	전공이 무엇인가요?
Wow!	**I am impressed.**	**Who's on the line?**
와우!	감동 받았어요.	전화 거신 분께서는 누구시죠?

● 기본 문장 1번을 응용하는 문장과 짧은 회화 문장을 공부한다.

❶ ZOO

I need ~ : 나는 ~ 할 필요가 있다.

I need to fix my car as soon as possible.

나는 가능한 한 빨리 내 차를 고칠 필요가 있다.

I need to wake up.

나는 깨어야 할 필요가 있다.

I need to see your driver's license.

나는 너의 운전면허를 보아야 할 필요가 있다.

I need to pick up my kid at three.

나는 나의 아이를 3시에 데리고 와야 할 필요가 있어요.

I need to use your car this afternoon.

나는 너의 차를 오늘 오후에 사용할 필요가 있다.

I need to see you as soon as possible.

나는 가능한 한 빨리 너를 보아야 할 필요가 있다.

I need to go there as soon as possible.

나는 가능한 한 빨리 그곳에 가야 할 필요가 있다.

I need to finish my project by next week.

나는 나의 프로젝트를 다음 주까지 끝낼 필요가 있다.

I need to talk to you as soon as possible.

나는 가능한 한 빨리 너와 이야기해야 할 필요가 있다.

I need to take the make up test on Tuesday night.

나는 화요일 저녁에 추가 시험을 볼 필요가 있다.

Street English

Why?	**I get the idea.**	**Has anyone called?**
왜요?	감을 잡았어.	전화 온 것 있나요?
Okay.	**That's a steal.**	**I'd love to come.**
그래. 알았어요.	거저입니다.	정말 가고 싶어요.
Sure.	**It's all right.**	**I'm very grateful.**
물론.	괜찮습니다.	정말 감사해요.

● 기본 문장 2번을 응용하는 문장과 짧은 회화 문장을 공부한다.

❶ ZOO

I hope ~ : 나는 ~ 을 희망한다.

I hope it snows all day long tomorrow.
나는 내일 하루 종일 눈이 오기를 희망해.

1 단계

I hope you get the job.
나는 네가 그 직업을 갖게 되기를 희망해.

I hope we get there on time.
나는 우리가 그곳에 정해진 시간에 도착하기를 희망해.

I hope you get married soon.
나는 네가 곧 결혼하게 되기를 희망해.

2단계

I hope you will get well soon.
나는 네가 곧 낫게 되기를 희망해.

I hope my wife likes this necklace.
나는 나의 부인이 이 목걸이를 좋아하기를 희망해.

I hope it doesn't rain this weekend.
나는 이번 주말에 비가 오지 않기를 희망해.

3단계

I hope you can forget what happened.
나는 네가 무슨 일이 일어났는지 잊게 되기를 희망해.

I hope you can make it to the meeting.
나는 네가 회의에 참석할 수 있기를 희망해.

I hope you like the present I bought for you.
내가 너를 위해 산 선물을 네가 좋아하기를 희망해.

Street English

What?	**Just let it go.**	**Cut me some slack.**
뭐라고요?	그만 하자.	좀 비빌 여유를 주세요.
Oops!	**Take that back.**	**Let's shake a leg.**
아, 이런!	그 말을 취소한다.	좀 서두르자.
Ouch!	**He stood me up.**	**The party is over.**
아야.	그가 나를 바람 맞췄어.	좋은 시절은 다 갔어.

● 기본 문장 3번을 응용하는 문장과 짧은 회화 문장을 공부한다.

❶ ZOO

Can I ~ : 내가 ~ 할 수 있나요?

Can I get you anything?

내가 당신에게 뭔가를 가져다 줄 수 있나요?

Can I sit here?

내가 여기에 앉을 수 있나요?

Can I smoke here?

내가 여기에서 담배 필 수 있나요?

Can I give you a ride?

내가 너에게 차를 태워 줄 수 있나요?

Can I help you with that?
내가 너를 그것으로 도와줄 수 있나요?

Can I give you a hand?
내가 너를 도와줄 수 있나요?

Can I borrow your pen?
내가 너의 펜을 빌릴 수 있나요?

Can I offer a suggestion?
내가 제안을 할 수 있나요?

Can I ask you a question?
내가 너에게 질문을 하나 할 수 있나요?

Can I talk to you for a minute?
내가 잠시 동안 너와 이야기할 수 있나요?

Street English

When?	**He deserves it.**	**Attention, please!**
언제?	그거 잘 됐다. (쌤통이다.)	주목해 주세요
Maybe.	**You never know.**	**He's on the phone.**
그럴지도 모르지요.	그건 모르는 일이야.	그는 지금 통화 중이에요.
Later!	**It was awesome.**	**It's now or never.**
나중에 봐요.	그것은 정말 멋졌어.	지금이 아니면 기회가 없어요.

● 기본 문장 4번을 응용하는 문장과 짧은 회화 문장을 공부한다.

❶ ZOO

How many ~ : 얼마나 많은 ~ ?

How many apples did you eat today?

너는 오늘 얼마나 많은 사과를 먹었니?

How many days are there in a year?

일년에 몇 일이 있나요?

How many students are in your class?

당신의 클래스에는 몇 명의 학생이 있나요?

How many books did you read last month?

당신은 지난 달 몇 권의 책을 읽었나요?

How many courses are you taking this semester?

당신은 이번 학기에 몇 과목을 선택하나요?

How many students are going to the US this year?

몇 명의 학생들이 올해 미국으로 갑니까?

How many pairs of shoes does your sister have?

당신의 누이는 몇 켤레의 구두를 갖고 있나요?

How many people live in your apartment building?

몇 명의 사람들이 당신의 아파트에 살고 있나요?

How many people are coming to church on Sunday?

몇 명의 사람들이 일요일에 교회로 옵니까?

How many computers are you going to order this time?

몇 대의 컴퓨터를 이번에 주문하려고 합니까?

Street English

I bet.	**Can it be true?**	**We've grown apart.**
내기를 할 정도로 자신 있다.	그게 사실일까?	지내다보니 멀어졌군요.
Sorry?	**He is so cheap.**	**You can't miss it.**
뭐라고 하셨지요?	그는 너무 치사하다.	틀림없이 찾을 수 있을 거예요.
Uh-uh.	**He is the best.**	**It keeps bleeding.**
아닌데요.	그는 최고야.	피가 계속 납니다.

● 기본 문장 5번을 응용하는 문장과 짧은 회화 문장을 공부한다.

❶ ZOO

I would like to ~ : 나는 ~ 하고 싶어요.

I'd like to have a Diet Coke.

나는 다이어트 코크를 마시고 싶어요.

1

I'd like to see you again.

나는 너를 다시 보고 싶다.

I'd like to go to America.

나는 미국에 가고 싶다.

I'd like to go there by myself.

나는 혼자서 그곳에 가고 싶다.

I'd like to take a day off tomorrow.

나는 내일 하루 쉬고 싶다.

I'd like to cancel my reservation.

나는 나의 예약을 취소하고 싶다.

I'd like to get a refund on this item.

나는 이 품목에 대해서 환불받고 싶다.

I'd like to postpone my appointment until next Tuesday.

나는 나의 약속을 다음 주 화요일까지 연기하고 싶다.

I'd like to exchange these shoes for a new pair.

나는 이 구두를 새 것으로 바꾸고 싶다.

I'd like to apply for another position in another department.

나는 다른 부서에 다른 직책으로 지원하고 싶다.

Street English

Super. 아주 좋군요.	**Sure, If I can.** 그러죠, 제가 할 수 있다면요.	**I was tongue-tied.** 할 말을 잃었다.
I see. 알겠습니다.	**Sure, go ahead.** 그럼요, 그러세요.	**What are the odds?** 확률이 어떻게 돼요?
Shoot! 어서 말해 봐요.	**Looks that way.** 그렇게 보이네.	**Don't get excited.** 흥분하지 말아요.

● 기본 문장 6번을 응용하는 문장과 짧은 회화 문장을 공부한다.

❶ ZOO

Whose ~ : 누구의 ~ ?

Whose cell phone is this anyway?

이것은 도대체 누구의 셀폰입니까?

Whose car is this?

이것은 누구의 차입니까?

Whose fault is this?

이것은 누구의 잘못입니까?

Whose computer is this?

이것은 누구의 컴퓨터입니까?

Whose house is this?

이것은 누구의 집입니까?

Whose life is it anyway?

이것은 도대체 누구의 인생입니까?

Whose kids are they anyway?

그들은 도대체 누구의 아이들입니까?

Whose keys are these?

이것은 누구의 열쇠들입니까?

Whose scissors are those?

저것은 누구의 가위입니까?

Whose problem is this anyway?

이것은 도대체 누구의 문제입니까?

Street English

Relax.

좀 느긋해져요.

Cheers!

건배.

Gladly.

기꺼이 하지요.

Not even close.

근처도 아닌데.

What a feeling!

기분이 참 좋군요!

This is urgent.

긴급입니다.

What's the damage?

얼마지요? (손해가 얼마지요?)

3 more hours to go.

3시간 더 가면 된다.

I work from 8 to 5.

8시부터 5시까지 근무해요.

● 기본 문장 7번을 응용하는 문장과 짧은 회화 문장을 공부한다.

0 ZOO

What are you ~ing? : 당신은 ~ 하는 중인가요?

What are you doing up there?

당신은 그 위에서 무엇을 하고 있나요?

What are you doing here?

당신은 여기에서 무엇을 하고 있나요?

What are you thinking now?

당신은 지금 무엇을 생각하고 있나요?

What are you eating now?

당신은 지금 무엇을 먹고 있나요?

What are you talking about?

당신은 무엇에 대해서 이야기하고 있나요?

What are you trying to say?

당신은 무엇을 말하려고 하나요?

What are you reading now?

당신은 무엇을 지금 읽고 있나요?

What are you planning to do now?

당신은 지금 무엇을 하려고 계획 중인가요?

What are you hoping to achieve?

당신은 무엇을 성취하기를 희망하나요?

What are you going to do next summer?

당신은 내년 여름에 무엇을 하려고 하나요?

Street English

Bummer.	**I'm so nervous.**	**Go get them, tiger!**
꽝. 저런	긴장됩니다.	가서 가져라.
I'm in.	**I got stood up.**	**Let's make a toast.**
나는 참가한다.	나 바람 맞았어.	건배하지요.
Do you?	**I'm flat broke.**	**His car is a lemon.**
당신은요?	나는 무일푼이야.	그의 차는 고물차야.

● 기본 문장 8번을 응용하는 문장과 짧은 회화 문장을 공부한다.

❶ ZOO

I don't like ~ : 나는 ~ 을 좋아하지 않아요.
I don't like him that much.
나는 그를 그다지 좋아하지 않아요.

I don't like rainy days.
나는 비 오는 날을 좋아하지 않아요.
I don't like talking to him.
나는 그와 이야기하는 것을 좋아하지 않아요.
I don't like to go there alone.
나는 그곳에 혼자 가는 것을 좋아하지 않아요.

I don't like apples that much.

나는 사과를 그다지 좋아하지 않아요.

I don't like cheese that much.

나는 치즈를 그다지 좋아하지 않아요.

I don't like him that much.

나는 그를 그다지 좋아하지 않아요.

I don't like Kim Chee that much.

나는 김치를 그다지 좋아하지 않아요.

I don't like going there with him.

나는 그와 그곳에 가는 것을 좋아하지 않아요.

I don't like it, because it's so greasy.

나는 그것이 너무 기름지기 때문에 그것을 좋아하지 않아요.

Street English

No way!	**I am depressed.**	**I'm here to study.**
말도 안돼!	나는 우울합니다.	공부하러 왔습니다.
Oh, no.	**I am tone deaf.**	**It is out of style.**
아이쿠	나는 음치입니다.	구식이네요.
Always.	**I'm sick of it.**	**It's up in the air.**
언제나 그렇지요..	나는 이것을 싫어해요.	그건 아직 미정이야.

● 기본 문장 9번을 응용하는 문장과 짧은 회화 문장을 공부한다.

❶ ZOO

You should do this otherwise ~ :

당신은 이것을 해야 합니다. 그렇지 않으면 ~

You should keep your promise; otherwise no one will trust you.

너는 너의 약속을 지켜야만 해. 그렇지 않으면 아무도 너를 믿지 않을 거야.

You should study hard; otherwise you will fail the exam.

너는 열심히 공부해야 한다. 그렇지 않으면 너는 시험에 떨어지게 될 것이다.

You should be honest; otherwise your boss will fire you.

너는 정직해야 한다. 그렇지 않으면 너의 상사가 너를 해고할 것이다.

You should give her milk; otherwise she will cry all night long.

너는 그녀에게 우유를 주어야 한다. 그렇지 않으면 그녀는 밤새도록 울 것이다.

You should keep your promise; otherwise she will get very upset.

너는 너의 약속을 지켜야 한다. 그렇지 않으면 그녀는 매우 화를 낼 것이다.

You should go to school today; otherwise you can't take the exam.

너는 오늘 학교에 가야 한다. 그렇지 않으면 너는 시험을 볼 수 없다.

You should finish your project soon; otherwise your boss won't be happy.

너는 너의 프로젝트를 곧 끝내야 한다. 안 그러면 너의 상사는 행복하지 않을 것이다.

I should go home early; otherwise I won't be able to get up early in the morning.

나는 일찍 집에 가야 한다. 그렇지 않으면 나는 아침에 일찍 일어날 수 없을 것이다.

You should show him your ID; otherwise he may kick you out.

너는 그에게 너의 증명서를 보여주어야 한다. 그렇지 않으면 그는 너를 쫓아낼 것이다.

You should stop smoking; otherwise you might be at risk for a heart attack.

너는 담배 피는 것을 중지해야 한다. 그렇지 않으면 너는 심장마비에 걸리는 위험에 처하게 될지도 모른다.

Street English

Why me?	**I'm no quitter.**	**I am aware of that.**
왜 나야?	나는 포기 하는 사람이 아니야.	그것은 알고 있습니다.
Gotcha!	**My skin is dry.**	**That's what I mean.**
잡았다.	나는 피부가 건조해요.	그게 제가 말하는 것이지요
No way.	**I am exhausted.**	**I just want a trim.**
절대 안 돼요.	난 기진맥진입니다.	그냥 조금 다듬어 주세요.

● 기본 문장 10번을 응용하는 문장과 짧은 회화 문장을 공부한다.

⑩ TENNIS

It occurred to me that ~ : (나에게) ~ 라는 생각이 들었다.

It occurred to me that this is John's last match of the season.

이것이 존의 시즌 마지막 경기라는 생각이 (나에게) 들었다.

It occurred to me that John might be ill.

존이 아플지도 모른다는 생각이 (나에게) 들었다.

It occurred to me that this cannot be real.

그것이 사실일 수 없다는 생각이 (나에게) 들었다.

It occurred to me that it was a major problem.

이것이 주요 문제였다는 생각이 (나에게) 들었다.

It occurred to me that I forgot to vote today.

내가 오늘 투표를 하지 않았다는 생각이 (나에게) 들었다.

It occurred to me that I ought to take out the trash.

나는 쓰레기를 버려야 한다는 생각이 (나에게) 들었다.

It occurred to me that I had made another mistake.

나는 내가 다른 실수를 저질렀다는 생각이 (나에게) 들었다.

It occurred to me that I myself would not live forever.

나는 내 자신이 영원히 살 수 없다는 생각이 (나에게) 들었다.

It occurred to me that we should hire another secretary.

우리는 다른 비서를 고용해야 한다는 생각이 (나에게) 들었다.

It occurred to me that I had not received my test scores yet.

나는 나의 시험 성적을 아직 받지 못했다는 생각이 (나에게) 들었다.

Street English

Really?	**I'm ticked off.**	**He has clean hands.**
정말이에요?	난 화 났어.	그는 결백해.
Please!	**Behind my back?**	**He has diaper rash.**
제발.	내 등 뒤에서 그런 짓을 해? (나 몰래)	그는 기저귀 발진이 있어요.
Awesome!	**May I join you?**	**He'll side with me.**
와우~ 멋지다.	내가 합석해도 될까요?	그는 내 의견에 따를 겁니다.

● 기본 문장 11번을 응용하는 문장과 짧은 회화 문장을 공부한다.

⑩ TENNIS

Do you know how to ~ : 당신은 어떻게 ~ 하는지 아나요?

Do you know how to cook this?

당신은 이것을 어떻게 요리하는지 아나요?

Do you know how to fix a computer?

당신은 어떻게 컴퓨터를 고치는지 아나요?

Do you know how to format the disk?

당신은 디스크를 어떻게 포맷하는지 아나요?

Do you know how to change the filter?

당신은 어떻게 필터를 바꾸는지 아나요?

Do you know how to replace this cartridge?

당신은 이 카트리지를 어떻게 바꾸는지 아나요?

Do you know how to change the password?

당신은 비밀번호를 어떻게 바꾸는지 아나요?

Do you know how to program computers?

당신은 어떻게 컴퓨터를 프로그램 하는지 아나요?

Do you know how to hold chopsticks properly?

당신은 어떻게 젓가락을 적절히 잡는지 아나요?

Do you know how to replace the battery of this machine?

당신은 이 기계의 배터리를 어떻게 바꾸는지 아나요?

Do you know how to teach language to beginner level students?

당신은 기초 수준의 학생들에게 언어를 어떻게 가르치는지 아나요?

Street English

Lay off.	**It's up to you.**	**Don't be like that.**
꺼져.	너에게 달려있어.	그렇게 살지 말아라.
I'm out.	**It's your call.**	**Please be my guest.**
나는 빠진다.	네가 결정해.	기꺼이.
Me, too.	**Who is winning?**	**Sit back and relax.**
나도 그래.	누가 이기고 있지요?	긴장을 풀어.

● 기본 문장 12번을 응용하는 문장과 짧은 회화 문장을 공부한다.

⑩ TENNIS

I feel ~ : 나는 ~ 하게 느껴요.

I feel sick to my stomach.

나는 위에 통증을 느껴요.

I feel guilty.

나는 죄책감을 느껴요.

I feel really sad.

나는 정말 슬프게 느껴요.

I feel great today.

나는 오늘 기분이 좋아요.

I feel a little dizzy now.

나는 지금 약간 어지러워요.

I feel sleepy when I'm reading a book .

나는 내가 책을 읽을 때 졸려요.

I feel disgusted when we talk about that.

나는 우리가 그것에 대해서 이야기할 때 역겨워요.

I feel sorry for them.

나는 그들 때문에 마음이 아파요.

I feel out of it today.

나는 오늘 내 정신이 아니에요.

I feel like I just can't take it anymore.

나는 내가 더 이상은 어떻게 할 수가 없게 느껴요.

Street English

Not bad.

나쁘지 않은데요. 좋군요.

See you.

나중에 봐요.

You bet?

내기할래?

Say that again?

다시 말씀해 주실래요?

I'm on a diet.

다이어트 중이야.

It's your turn.

당신 차례입니다.

Please hear me out.

끝까지 들어 봐.

Knock yourself out!

끝장날 때까지 해 봐!

I've got to go now.

나 가 봐야겠어.

● 기본 문장 13번을 응용하는 문장과 짧은 회화 문장을 공부한다.

⑩ TENNIS

Feel free to ~ : 사양하지 말고 ~ 하세요.

Feel free to call me whenever you want to play tennis.

당신이 테니스를 치고 싶을 때는 언제나 사양하지 말고 나에게 전화하세요.

Feel free to stop by any time.

언제든지 사양하지 말고 들리세요.

Feel free to use my computer.

사양하지 말고 내 컴퓨터를 사용하세요.

Feel free to call me if you need me.

당신이 나를 필요로 하면 사양하지 말고 전화하세요.

Feel free to take a shower if you want to.
당신이 원하면 사양하지 말고 샤워를 하세요.

Feel free to call me if you are ever lost in Seoul.
만일 당신이 서울에서 길을 잃으면 사양하지 말고 나에게 전화주세요.

Feel free to contact me if you run into trouble.
만일 당신이 문제에 부닥치면 사양하지 말고 나에게 연락하세요.

Feel free to call me if you have any questions.
당신이 어떤 질문이 있으면 사양하지 말고 나에게 전화하세요.

Feel free to call me whenever you need my help.
당신이 나의 도움이 필요할 때는 언제나 사양하지 말고 나에게 전화하세요.

Feel free to watch a little TV if you get bored.
당신이 지루해지면 사양하지 말고 TV를 좀 보세요.

Street English

Amazing.	**What about you?**	**I know the feeling.**
놀랍군요.	당신은 어때요?	나 그 기분 알아.
Skip it!	**Can I help you?**	**I'm in big trouble.**
다음으로 넘어가요.	도와드릴까요?	나 큰일 났어.
You bet.	**It's delicious.**	**I am very ticklish.**
당근이지.	맛있습니다.	나는 간지럼을 잘 타요.

● 기본 문장 14번을 응용하는 문장과 짧은 회화 문장을 공부한다.

I have ~ : 나는 ~을 가지고 있다.

I have two sisters and both of them are sick.

나는 누나가 2명 있는데 둘 다 아파요.

I have three siblings, and I am the oldest.

나는 3명의 형제가 있는데 내가 제일 나이가 많다.

I have a driver's license, but I don't have my car yet.

나는 운전면허는 있는데 아직 내 차가 없다.

I have a job, but I don't have any income yet.

나는 직업은 있는데 아직 어떤 수입도 없다.

I have two cars, but I don't know how to drive.
나는 2대의 차가 있지만 나는 어떻게 운전하는지 모른다.

I have a computer, but I don't know how to use it.
나는 한 대의 컴퓨터가 있지만 나는 이것을 어떻게 사용하는지 모른다.

I have two brothers and both of them are lawyers.
나는 2명의 형이 있는데 둘 다 변호사다.

I have several different perfumes, but I want more.
나는 여러 개의 향수를 가지고 있지만 나는 더 많이 원한다.

I have four printers, but they are all broken at the moment.
나는 4개의 프린터가 있지만 현재 그것들 모두 망가졌다.

I have all kinds of clothes, but I want more expensive designer labels.
나는 여러 종류의 옷이 있지만 나는 디자인 레이블의 비싼 옷을 더 원한다.

Street English

Help me!
도와주세요.

I agree.
동의합니다.

At last.
드디어.

Very confusing.
매우 혼돈이 되는.

Use your brain.
머리를 써라.

That'll be $45.30.
모두 $45.30입니다.

I'm walking on air.
나는 날 듯이 기뻐요.

I am mad at myself.
나는 내 자신에게 화나 있어요.

I have no appetite.
나는 식욕이 없어요.

● 기본 문장 15번을 응용하는 문장과 짧은 회화 문장을 공부한다.

⑩ TENNIS

How come ~ : 왜 ~ 하는가?

How come you are not wearing a yellow uniform today?

어째서 너는 오늘 노란색 유니폼을 입고 있지 않니?

How come you are off today?

너는 어째서 오늘 쉬냐?

How come you don't like him?

너는 어째서 그를 좋아하지 않니?

How come you never visit us?

너는 어째서 우리를 절대 방문하지 않니?

How come you are late for work?

너는 어째서 일에 지각하니?

How come you have to work all the time?

너는 어째서 항상 일을 하니?

How come you don't go out with him?

너는 어째서 그와 사귀지 않니?

How come you don't call me anymore?

너는 어째서 나에게 더 이상 전화하지 않니?

How come I have to work on every weekend?

나는 어째서 매 주말마다 일을 해야 하나요?

How come you never bring home any money?

너는 어째서 집으로 돈을 가지고 오지 않니?

Street English

Meaning?	**Any good ideas?**	**I have a toothache.**
무슨 의미지요?	뭐 좋은 생각 있어요?	나는 치통이 있어요.
Kind of.	**I have no time.**	**I have a flat tire.**
뭐 그런 거 있잖아.	바쁘네요.	나는 펑크 난 바퀴가 있어요.
Come on.	**I'm against it.**	**I got all mixed up.**
설마.	반대입니다.	나는 모든 게 혼동되었어요.

● 기본 문장 16번을 응용하는 문장과 짧은 회화 문장을 공부한다.

⑩ TENNIS

I have to ~ : 나는 ~ 해야만 합니다.

I have to make a decision by 10:30.

나는 10시30분까지 결정을 내려야 해요.

I have to go now.

나는 지금 가야만 한다.

I have to tell you this.

나는 너에게 이것을 말해야만 한다.

I have to see you tonight.

나는 오늘 밤 너를 보아야만 한다.

I have to support my family.

나는 나의 가족을 부양해야만 한다.

I have to get a haircut before 7 tonight.

나는 오늘 밤 7시 전에 머리를 깎아야만 한다.

I have to call my parents before I leave.

나는 내가 떠나기 전에 나의 부모님에게 전화해야 한다.

I have to finish this before 5 o'clock this afternoon.

나는 오후 5시 전까지 이것을 끝내야만 한다.

I have to take a shower and get ready for the party.

나는 샤워를 해야 하고 파티를 위해서 준비해야 한다.

I have to call her and offer my apologize for being late.

나는 그녀에게 전화해야 한다. 그리고 늦은 것에 대해서 용서를 구해야 한다.

Street English

Too bad!	**Go fifty-fifty.**	**Stop putting me on.**
안 됐군요	반반 나누어 내지요.	나를 놀리는 것을 그만두세요.
How far?	**I have no idea.**	**You are teasing me.**
얼마나 멀리?	별 생각이 없네요.	나를 놀리시는군요
How big?	**It's not fair.**	**Don't mess with me.**
얼마나 큰데?	불공평합니다.	날 깔보지 말아요.

● 기본 문장 17번을 응용하는 문장과 짧은 회화 문장을 공부한다.

⑩ TENNIS

How often ~ ? : 얼마나 자주~ ?

How often do you play tennis?

당신은 얼마나 자주 테니스를 칩니까?

How often do you go abroad?

너는 얼마나 자주 외국에 나가니?

How often do you come here?

당신은 얼마나 자주 여기에 오나요?

How often do you see John?

당신은 얼마나 자주 존을 만나나요?

How often do you feed them?

당신은 얼마나 자주 그들에게 먹이를 주나요?

How often do you change the filter?

얼마나 자주 당신은 필터를 바꾸나요?

How often do you call your parents?

너는 얼마나 자주 너의 부모님에게 전화하니?

How often should I take this medicine?

나는 얼마나 자주 이 약을 먹어야 하나요?

How often do you go to the movie theater?

너는 얼마나 자주 영화관에 가니?

How often do you have to practice this?

너는 얼마나 자주 이것을 연습해야 하나요?

Street English

Why not?

왜 아니지요?

Why now?

왜 지금이야?

Beat it.

이 자리에서 꺼져.

Stay out of it.

(넌) 빠져 있어.

Quickly please.

빨리요.

Keep me posted.

상황을 알려주라.

You cannot fool me.

넌 날 속이지는 못하지.

Take it like a man.

남자답게 받아들여라.

My eyes are watery.

내 눈에 눈물이 나요.

- 기본 문장 18번을 응용하는 문장과 짧은 회화 문장을 공부한다.

⑩ TENNIS

Do you mind if ~ ? : 당신은 ~ 한다면 꺼려합니까?

Do you mind if I give you some advice on that?
당신은 내가 그것에 대해서 어떤 조언을 준다면 꺼려하겠습니까?

Do you mind if I smoke?
당신은 내가 담배를 피우면 꺼려합니까?

Do you mind if I close this door?
당신은 만약 내가 이 문을 닫으면 꺼려할 건가요?

Do you mind if I sit down with you?
당신은 만약 내가 당신과 함께 앉으면 꺼려할 건가요?

Do you mind if I call your mother?

제가 당신의 어머니에게 전화를 하면 꺼려할 건가요?

Do you mind if I go home early today?

당신은 만약 내가 오늘 일찍 집에 가면 꺼려할 건가요?

Do you mind if I use your phone for a minute?

제가 잠깐 당신의 전화를 쓰면 꺼려합니까?

Do you mind if I use your bathroom?

제가 당신의 욕실을 쓰면 꺼려합니까?

Do you mind if I ask you a personal question?

너는 내가 개인적인 질문을 너에게 한다면 꺼려하니?

Do you mind if I use your computer for a while?

너는 내가 너의 컴퓨터를 잠시 사용하면 꺼려하니?

Street English

Hang on!	**Time will tell.**	**I'll tell you what.**
잠깐 기다리세요.	시간이 말해줄 것입니다	내 말 좀 들어 봐.
Hold on.	**Don't be silly.**	**My car won't start.**
잠깐 기다리세요.	싱겁게 놀지 말아요.	내 차는 시동이 걸리지 않아요.
No clue.	**It's beautiful.**	**I called the shots.**
전혀 모르겠어.	아름답군요.	내가 결정을 내린다.

● 기본 문장 19번을 응용하는 문장과 짧은 회화 문장을 공부한다.

You are much ~er : 당신은 더욱 ～ 합니다.

You are much better than me.

당신이 나보다 훨씬 낫습니다.

You are much nicer than her.

너는 그녀보다 훨씬 괜찮다.

You are much thinner than he is.

당신은 그 사람보다 훨씬 말랐습니다.

You are much stronger than I am.

넌 나보다 훨씬 더 강해.

You are much bigger than I am.

당신은 나보다 체격이 훨씬 커요.

You are much more diligent than me.

당신은 나보다 훨씬 더 근면하군요.

You are much taller than I expected.

당신은 내가 기대했던 것보다 훨씬 더 큽니다.

You are much smarter than you think.

너는 네가 생각하는 것보다 훨씬 똑똑하다.

You are much more reliable than I am.

당신은 나보다 훨씬 더 믿을 수 있군요.

You are much more independent than her.

당신은 그녀보다 훨씬 더 독립적입니다.

Street English

Exactly.
정확하게 맞아요.

Grow up!
철 좀 들어라.

Serious?
진심이에요?

In your dreams!
아마 꿈 속에서나 가능할 걸!

I have no clue.
아이디어가 전혀 없네요.

That's a shame.
그거 안 됐다.

I got carried away.
내가 좀 지나쳤네.

What are you up to?
너 무슨 꿍꿍이를 꾸미냐?

Speak for yourself.
너나 그렇지, 다 싸잡아서 그러지 마.

⑳ TWILIGHT

I can't believe ~ : 나는 ~ 을 믿을 수 없다.

I can't believe this is the last summer camp that I attend with you guys.

이것이 내가 너희들과 함께 참석하는 마지막 여름 캠프라니 믿어지지가 않는다.

I can't believe that you said that to her.

나는 네가 그것을 그녀에게 말했다는 것을 믿을 수 없다.

I can't believe that you spent all that money.

나는 당신이 그 모든 돈을 썼다는 것을 믿을 수가 없어요.

I can't believe that you haven't pay the bills yet.

나는 당신이 아직 그 청구서에 대해 지불하지 않았다는 것을 믿을 수가 없어요.

I can't believe that you didn't go to school today.
나는 당신이 오늘 학교에 가지 않았다는 것을 믿을 수가 없어요.

I can't believe that you didn't get caught for stealing.
나는 네가 절도로 잡히지 않았다는 것을 믿을 수가 없다.

I can't believe that you don't eat vegetables at all.
나는 네가 채소를 전혀 먹지 않는다는 것을 믿을 수가 없다.

I can't believe that you lost fifty pounds in two months!
나는 네가 두 달 안에 50파운드를 잃었다는 것을 믿을 수가 없다.

I can't believe that you haven't found a new job yet.
나는 네가 아직 직장을 얻지 못했다는 것을 믿을 수가 없다.

I can't believe that you didn't tell your boyfriend why you did that.
나는 네가 왜 그렇게 했는지 네 남자친구에게 말하지 않았다는 것을 믿을 수 없다.

Street English

Dream on.
계속 꿈이나 꾸셔. 안 돼.

Now what?
그 다음엔 뭐죠?

Could be.
그럴 수도 있겠지요.

Did you get it?
알아들었어요?

How's it going?
어떻게 지내세요?

When is it due?
언제까지입니까?

You are too choosy.
너는 너무 까다로워.

Don't be so pushy.
너무 재촉하지 말아요.

You are outrageous.
넌 정말 엉뚱하다.

● 기본 문장 21번을 응용하는 문장과 짧은 회화 문장을 공부한다.

⑳ TWILIGHT

There is ~ : ~ 이 있다.

There is some food on the table.

식탁 위에 음식이 좀 있어요.

There is a package for you.

당신에게 맞는 패키지가 있어요.

There is someone to see you.

당신을 보고 싶어하는 어떤 분이 있어요.

There is a phone call for you.

당신에게 전화가 왔어요.

There is a cat under the table.
그 식탁 아래에 고양이가 있다.

There is a great song on the radio.
라디오에서 멋진 노래가 나온다.

There is a way to resolve this problem without fighting.
싸우지 않고 이 문제를 해결할 수 있는 방법이 있다.

There is a rumor saying that you are a great fan of hers.
네가 그녀의 열렬한 팬이라는 소문이 있다.

There was an unexpected accident on the way here.
여기 오는 길에 뜻하지 않은 사고가 있었어.

There is no way I can finish this by 5:00 this afternoon.
내가 오늘 오후 다섯 시까지 이걸 끝낼 방법이 전혀 없어.

Street English

I got it.
그렇게 할게. 알았어.

And then?
그리고는?

Say when.
(그만 하기를 원할 때)
언제든 말하세요.

Never too late.
언제라도 늦지 않습니다.

How much is it?
얼마죠?

I have a fever.
열이 나요.

He is down and out.
녹초가 됐어.

My eyes feel itchy.
눈이 가렵습니다.

Look the other way.
다른 쪽을 보세요.
(모른 척 해주세요.)

● 기본 문장 22 번을 응용하는 문장과 짧은 회화 문장을 공부 한다.

⑳ TWILIGHT

Is there ~ : ~ 이 있나요?

Is there a drugstore around here?
이 근처에 약국이 있나요?

Is there a problem here?
여기에 문제가 있나요?

Is there anything I can do?
내가 할 수 있는 어떤 것이 있나요?

Is there a printer available?
사용 가능한 프린터가 있나요?

Is there a library around here?

이 근처에 도서관이 있나요?

Is there an ATM around here?

현금지급기가 여기 주위에 있나요?

Is there a computer I can use?

내가 사용할 수 있는 컴퓨터가 있나요?

Is there another exit around here?

이 근처에 다른 출구가 있나요?

Is there a movie theater around here?

영화관이 근처에 있나요?

Is there a police station around here?

이 근처에 경찰서가 있나요?

Street English

Beats me!

금시초문인 걸!

Make way!

길을 비켜주세요.

I'm lost.

길을 잃었어요.

It's all yours.

이것은 이제 당신 것입니다.

Give it a rest.

이제 그만두세요.

It makes sense.

이해가 되네요.

Do you like sweets?

단 것을 좋아하나요?

You're a lifesaver.

당신은 나의 생명의 은인입니다.

Are you the eldest?

당신이 맏이입니까?

● 기본 문장 23번을 응용하는 문장과 짧은 회화 문장을 공부한다.

⑳ TWILIGHT

Don't tell me ~ : 나에게 ~ 라고 말하지 마세요.

Don't tell me you can't go there.

나에게 당신이 그곳에 갈 수 없다고 말하지 말아요.

Don't tell me I'm too late for that.

나에게 내가 그것에 대해서 너무 늦었다고 말하지 마라.

Don't tell me you failed that test again.

나에게 네가 그 시험에 다시 떨어졌다고 말하지 마라.

Don't tell me you haven't pay the bill yet.

나에게 네가 아직 그 청구서를 지불하지 않았다고 말하지 마라.

Don't tell me you want to break up again.

다시 헤어지기를 원한다고 내게 말하지 말아요.

Don't tell me you changed your mind again.

나에게 네가 너의 마음을 다시 바꾸었다는 말은 하지 마라.

Don't tell me you are not going to do that now.

나에게 당신이 지금 그것을 하지 않을 것이라고 말하지 마세요

Don't tell me you are not going to see the doctor.

네가 의사에게 진찰받으러 가지 않을 거라고 말하지 마.

Don't tell me you are going to drop out of school.

나에게 당신이 학교를 그만둘 거라고 말하지 말아요.

Don't tell me that we can't go on vacation this summer.

올 여름 우리가 휴가 갈 수 없다고 내게 말하지 마.

Street English

Get real.
꿈 깨.

I don't get it.
이해를 못하겠네.

Couldn't be better.
더 좋을 수가 없어.

Trust me.
나를 믿으세요

It's no picnic.
장난이 아니다.

Three chapters to go.
세 챕터 남았네.

Allow me.
내가 내도록 해주세요.

I'm exhausted.
저 지쳤어요.

Let's wait and see.
두고 보자.

● 기본 문장 24번을 응용하는 문장과 짧은 회화 문장을 공부한다.

㉚ TWILIGHT

You should ~ : 당신은 ~ 해야만 합니다.

You should call the doctor right away.

너는 당장에 의사를 불러야 한다.

You should keep your promise.

너는 너의 약속을 지켜야 한다.

You should call her before it's too late.

너는 너무 늦기 전에 그녀에게 전화해야 한다.

You shouldn't go out if you don't feel good.

네 기분이 좋지 않다면 나가지 말아야 해.

You should eat three square meals a day.

너는 하루에 제대로 세 끼를 먹어야 한다.

You should pay the bills before it's too late.

너는 너무 늦기 전에 그 청구서를 지불해야 해.

You shouldn't say yes unless you are positive.

네가 긍정적이지 않으면 '네'라고 말해선 안 돼.

You should finish your homework before dinner.

너는 저녁 식사 전에 네 숙제를 끝내야 한다.

You should take this class if you want to graduate.

너는 졸업하기 위해서 이 코스를 수강해야 한다.

You should call your mom if you cannot be here by ten.

만약 당신이 10시까지 여기에 올 수 없다면 당신 엄마에게 전화를 해야 한다.

Street English

You what?	**Leave me alone.**	**Sorry to hear that.**
네가 뭐라구?	저를 내버려두세요.	들어서 안 됐어.
Get lost!	**It burns me up.**	**There you go again.**
당장 꺼져 버려.	저를 화나게 하는군요.	또 시작이구나.
It's hot.	**Give me a call.**	**May I have a drink?**
덥습니다.	전화 주세요.	마실 것 좀 주시겠어요?

● 기본 문장 25번을 응용하는 문장과 짧은 회화 문장을 공부한다.

㉒ TWILIGHT

Would you ~ ? : (당신은) ~ 하시겠어요?

Would you bring more batteries?

(당신이) 좀더 많은 배터리를 가져다 줄래요?

Would you sit down please?

(당신) 제발 앉아 주시겠어요?

Would you like wine with that?

(당신은) 그것과 함께 포도주를 원합니까?

Would you please stop talking?

(당신은) 말 좀 그만해 주겠어요?

Would you listen to me please?

(당신) 제발 내 말 좀 들어주실래요?

Would you turn off the computer?

(당신은) 컴퓨터 좀 꺼 주겠어요?

Would you turn on the TV please?

(당신은) TV 좀 켜 주실래요?

Would you close that door please?

(당신이) 저 문 좀 닫아 줄래요?

Would you turn off the lights please?

(당신은) 불을 좀 꺼 줄래요?

Would you write me a letter of recommendation?

(당신은) 나에게 추천서를 써 주시겠습니까?

Street English

Likewise.	**Just follow me.**	**That's hard to say.**
마찬가지입니다.	절 따라 오세요.	말하기 곤란한데요
Speaking.	**Absolutely not.**	**What's the problem?**
말하세요.	절대로 아니지요.	뭐가 문제예요?
Very bad.	**Can I help you?**	**Something is fishy.**
매우 나쁜.	제가 도와 드릴까요?	뭔가 이상해.

⑳ TWILIGHT

May I ~ ? : 내가 ~ 해도 되나요?

May I ask you where I can find those batteries?

내가 그 배터리들을 어디에서 찾을 수 있을지 물어도 되나요?

May I ask what you do?

제가 무엇을 해야 할지 물어도 될까요?

May I ask who's calling?

누가 전화하는지 물어도 될까요?

May I ask what this is for?

이게 무엇을 위한 것인지 물어도 될까요?

May I ask why you are here?

당신이 왜 여기에 있는지 물어도 될까요?

May I ask where you are from?

당신이 어디 출신인지 물어도 될까요?

May I ask you a personal question?

당신에게 개인적인 질문을 해도 될까요?

May I ask you a question about FTA?

당신에게 FTA에 대해서 질문을 해도 될까요?

May I ask you what school you attended?

당신이 어느 학교를 다녔는지 물어도 될까요?

May I ask what you are doing in this country?

당신이 이 나라에서 무엇을 하고 있는지 물어도 될까요?

Street English

Beats me.	**Please say yes.**	**Don't be a chicken.**
몰라요.	제발 '네'라고 말하세요.	소심하게 굴지 마.
Any word?	**Coming through.**	**We need a cosigner.**
무슨 소식 없어요?	좀 지나갈게요.	보증인이 필요합니다.
For what?	**You look great.**	**My lips are sealed.**
무엇을 위해서?	좋아 보여요.	비밀을 지킬게.

● 기본 문장 27번을 응용하는 문장과 짧은 회화 문장을 공부한다.

㉑ TWILIGHT

It goes without saying that ~ : ~ 은 말할 것도 없다.

It goes without saying that I was very upset to see that.

내가 그것을 보게 되어 매우 화가 났다는 것은 말할 것도 없다.

It goes without saying that he is a great teacher.

그가 훌륭한 선생이라는 것은 말할 필요도 없다.

It goes without saying that the film is pretty awful.

그 영화가 형편없다는 것은 말할 필요도 없다.

It goes without saying that he is an excellent musician.

그가 훌륭한 음악가라는 것은 말할 필요도 없다.

It goes without saying that you should keep your promise.

네가 너의 약속을 지켜야만 한다는 것은 말할 필요도 없다.

It goes without saying that smoking is bad for your health.

흡연이 너의 건강에 나쁘다는 것은 말할 필요도 없다.

It goes without saying that health is more precious than wealth.

건강이 재산보다 더 중요하다는 것은 말할 필요도 없다.

It goes without saying that we ought to respect our parents.

우리가 우리 부모를 존경해야 한다는 것은 말할 필요가 없다.

It goes without saying that the design is absolutely gorgeous.

그 디자인이 절대적으로 멋지다는 것은 말할 필요가 없다.

It goes without saying that English is now an international language.

영어가 현재 국제 언어라는 것은 말할 필요도 없다.

Street English

No sweat.	**Don't be bossy.**	**I'm seeing someone.**
문제 없어요.	쥐고 흔들려고 하지 마.	사귀는 사람이 있어요.
Back off.	**What do you do?**	**Actually, I am not.**
물러나세요.	직업이 뭐지요?	사실은 나는 아니에요.
What for?	**Take your time.**	**You live and learn.**
뭐 때문이지요?	천천히 하세요.	살다보면 별 꼴 다 본다.

● 기본 문장 28번을 응용하는 문장과 짧은 회화 문장을 공부한다.

㉚ TWILIGHT

I had a hard time ~ing : 나는 ~ 하는 데 힘든 시간을 가졌다.

I had a hard time controlling the boat.

나는 이 배를 조정하는 데 힘든 시간을 가졌어요.

I had a hard time sleeping last night.

나는 어젯밤 잠을 자는 데 힘든 시간을 가졌어요.

I had a hard time talking to my father.

나는 나의 아버지에게 말하는 데 힘든 시간을 가졌어요.

I had a hard time controlling these kids.

나는 이 아이들을 통제하는 데 힘든 시간을 가졌어요.

2 단계

I had a hard time meeting the deadline.
나는 마감을 맞추는 데 힘든 시간을 가졌어요.

I had a hard time completing this on time.
나는 이것을 제때에 끝내는 데 힘든 시간을 가졌어요.

I had a hard time understanding why he did that.
나는 그가 왜 그것을 했는지를 이해하는 데 힘든 시간을 가졌어요.

3

I had a hard time making ends meet last month.
나는 지난 달 수입과 지출을 맞추는 데 힘든 시간을 가졌어요.

I had a hard time finding the right person until I met you.
나는 당신을 만날 때까지 제대로 된 사람을 찾는 데 힘든 시간을 가졌어요.

I had a hard time eating Chinese food every day while living in Hong Kong.
홍콩에 사는 동안 매일 중국음식을 먹는 데 힘든 시간을 가졌어요.

Street English

Whatever.	**You flatter me.**	**May I pay by check?**
뭐든지.	칭찬이 과하시네요.	내가 수표로 지불할 수 있을까요?
Be a man!	**Charge, please.**	**Take a deep breath.**
사나이답게 굴어라.	카드로 하겠어요.	숨을 깊게 들이마시세요.
Occupied.	**Coffee, please.**	**Could you speed up, please?**
사용 중.	커피 주세요.	속도 좀 내 주실래요?

● 기본 문장 29번을 응용하는 문장과 짧은 회화 문장을 공부한다.

㉙ TWILIGHT

I will make sure that ~ : 나는 ~을 확실하게 하겠다.

I will make sure it won't happen again.

나는 이런 일이 다시는 일어나지 않도록 확실하게 하겠습니다.

I will make sure that nobody escapes.

나는 아무도 탈출하지 못하도록 하겠다.

I will make sure that she gets the message.

나는 그녀가 메시지를 받도록 확실하게 하겠다.

I will make sure that the equipment is safe.

나는 기계가 안전하도록 확실하게 하겠습니다.

I will make sure that I invite you to our meeting.
나는 그가 당신을 우리의 회의에 초대하도록 확실히 하겠습니다.

I will make sure that you get the next chance.
나는 네가 다음 기회를 갖도록 확실하게 해두겠다.

I will make sure that everything is ready for you next time.
나는 다음 번에 모든 것이 당신을 위해서 준비되도록 확실하게 하겠다.

I will make sure that my child arrives at your place by 8:30.
나는 나의 아이가 당신의 집에 8시 30분까지 도착하도록 하겠습니다.

I will make sure that my body language is positive at all times.
나는 내 몸짓이 항상 긍정적이 되도록 하겠습니다.

I will make sure that there are no mistakes on the next project.
나는 다음 프로젝트에는 아무런 실수가 없도록 확실하게 하겠다.

Street English

Oh, dear!	**Large or small?**	**What's your vision?**
아니 저런.	큰 거요 아니면 작은 거요.	시력이 어떻게 되지요?
I get it.	**That was close.**	**That's a flat joke.**
알았어요.	큰일 날 뻔 했어.	썰렁하군.
Where to?	**I swear to God.**	**That's a lame joke.**
어디로?	하나님한테 맹세합니다.	썰렁한 농담이네요.

● 기본 문장 30 번을 응용하는 문장과 짧은 회화 문장을 공부 한다.

30 THIRSTY

I would do anything for ~ : 나는 ～을 위해서라면 뭐든지 하겠다.

I would do anything for a cold drink.
나는 찬 음료수를 위해서라면 뭐든지 하겠다.

I would do anything for love.
나는 사랑을 위해서라면 뭐든지 하겠다.

I would do anything for you.
나는 너를 위해서라면 무엇이든지 하겠다.

I would do anything for my country.
나는 나의 조국을 위해서라면 무엇이든지 하겠다.

I would do anything for my parents.

나는 나의 부모님을 위해서라면 무엇이든지 하겠다.

I would do anything to be near you.

나는 너와 가까이 있기 위해서라면 무엇이든지 하겠다.

I would do anything to see you again.

나는 너를 다시 만나기 위해서라면 무엇이든지 하겠다.

I would do anything to make you happy.

나는 너를 행복하게 만들기 위해서라면 무엇이든지 하겠다.

I would do anything to pass this exam.

나는 이 시험에 합격하기 위해서라면 무엇이든지 하겠다.

I would do anything to save my son's life.

나는 나의 아들의 생명을 구하기 위해서라면 무엇이든지 하겠다.

Street English

Go ahead.

어서 그렇게 하세요.

Buzz off!

어서 꺼져 버려!

How come?

어째서?

I'm speechless.

할 말을 잃었습니다.

You are soaked!

흠뻑 젖었군요.

Cash or charge?

현금으로 혹은 카드로
계산하실 건가요?

It slipped my mind!

아 참, 깜빡했네!

Where are you from?

어디 출신이세요?

Where do I get off?

어디서 내려야 하나요?

● 기본 문장 31번을 응용하는 문장과 짧은 회화 문장을 공부한다.

It looks like that ~ : ~인 것처럼 보인다.

It looks like it is going to rain.

비가 올 것처럼 보인다.

It looks like we lost again.

우리가 또 진 것처럼 보인다.

It looks like the worst is over.

최악의 상황은 지난 것처럼 보인다.

It looks like he is going to quit.

그가 그만둘 것처럼 보인다.

It looks like they are not here yet.
그들은 아직 여기에 없는 것 같아 보인다.

It looks like you are getting thinner.
너는 점점 더 마르는 것 같아.

It looks like he forgot my birthday again.
그가 또 나의 생일을 잊은 것 같아.

It looks like we missed the last bus of the day.
우리는 오늘 마지막 버스를 놓친 것 같아.

It looks like I won't be going to Boston after all.
나는 결국 보스톤으로 갈 것 같지 않아.

It looks like I won't get the promotion this time.
나는 이번에는 승진하지 못한 것 같아.

Street English

Any time.
언제든지.

How much?
얼마나 많이(양)?

How many?
얼마나 많이(수)?

Can you help me?
좀 도와주실래요?

Give me a break!
한 번만 봐 주세요!

I'm in room 123.
123호실입니다.

Where did you stay?
어디에 머물렀지요?

When did it happen?
언제 그런 일이 일어났지요?

What a small world!
세상 참 좁다!

● 기본 문장 32번을 응용하는 문장과 짧은 회화 문장을 공부한다.

I heard ~ : 나는 ～을 들었다.

I heard you are moving to New York.

나는 네가 뉴욕으로 이사한다는 말을 들었다.

I heard you won the lottery.

나는 네가 복권에 당첨되었다고 들었다.

I heard you got a promotion.

나는 네가 승진했다고 들었다.

I heard you were sick last week.

난 네가 지난 주에 아팠다고 들었어.

I heard you opened another store.

난 네가 또 다른 가게를 열었다고 들었어.

I heard that he failed the exam again.

나는 네가 그 시험에 또 떨어졌다고 들었다.

I heard Michelle and John got married.

나는 미셸과 존이 결혼했다고 들었다.

I heard that your sister passed away last July.

너의 누나가 지난 7월에 돌아가셨다고 들었다.

I heard you graduated at the top of your class.

나는 네가 너의 반에서 수석으로 졸업했다고 들었다.

I heard that we are not allowed to have any food in here.

나는 우리가 이곳에서 어떤 음식을 먹는 것도 허락되지 않았다고 들었다.

Street English

For here.
여기서 할게요.

For good?
영원히?

Going up?
올라가세요?

Let's take five.
5분 간 휴식하자.

Let's pay Dutch.
각자 계산하자.

Anytime after 6.
6시 이후라면 언제든지
좋습니다.

Here's your change.
여기 거스름돈 있어요.

Mind if I sit here?
여기 앉아도 될까요?

I will be in touch.
연락할게요.

● 기본 문장 33번을 응용하는 문장과 짧은 회화 문장을 공부한다.

 THIRSTY

Is this ~? : 이것은 ~입니까?

Is this the ring you were looking for?

이게 네가 찾고 있던 반지니?

Is this the bus that goes to Chicago?

이것이 시카고로 가는 버스인가요?

Is this the right medicine for my child?

이것이 나의 아이에게 맞는 약인가요?

Is this the house that you talked about?

이것이 네가 말하던 그 집이니?

Is this the movie about the talking dog?

이것이 그 말하는 개에 관한 영화니?

Is this your first time applying for a visa?

이것이 당신의 첫 미국 비자 신청인 건가요?

Is this the coffee shop where you met her?

여기가 당신이 그녀를 처음 만난 커피숍입니까?

Is this the computer that is infected with viruses?

이게 바이러스에 감염된 컴퓨터인가요?

Is this the girl who won a gold medal in the Olympics?

이 사람이 올림픽에서 금메달을 딴 소녀인가요?

Is this the computer that doesn't have any hard disk drives?

이것이 하드 디스크가 없는 컴퓨터인가요?

Street English

Hold it!

움직이지 마요.

Get this.

이 이야기 좀 들어 봐.

This one?

이것 말이에요?

Don't be modest.

겸손해하지 말아요.

That's not fair.

이건 공평하지 않아.

What's with him?

그 남자 왜 그래?

This is my day off.

오늘은 쉬는 날이지요.

I am glad you came.

와 주셔서 감사 합니다.

We're almost there.

우리 거의 다 왔다.

● 기본 문장 34번을 응용하는 문장과 짧은 회화 문장을 공부한다.

30 THIRSTY

How much ~ ? : 얼마나 (양) ~?

How much did you pay for that?

당신은 그것을 위해서 얼마나 지불했나요?

How much do you need?

당신은 얼마ㅏ 많은 돈이 필요한가요?

How much do I owe you?

얼마를 내가 당신에게 빚졌나요?

How much did they pay you?

그들이 너에게 얼마를 지불했니?

How much milk did he drink?

그는 얼마나 우유를 마셨니?

How much cheese did he eat?

그는 얼마나 치즈를 먹었나요?

How much did you lose on that game?

그 게임에서 얼마나 잃었지요?

How much do you make doing this?

너는 이 일을 해서 얼마나 버니?

How much do you know about this problem?

너는 이 문제에 대해서 얼마나 알고 있니?

How much did your pet cost you this month?

당신은 이번 달에 당신 애완동물을 위해 얼마나 썼나요?

Street English

Have fun!

재미있게 보내.

Speaking.

접니다.

Right on.

정답이다. 바로 맞았어.

That's terrible.

그거 안 됐다.

I tell you what.

그런 거 있잖아.

She is my style.

그녀는 내 타입이에요.

We'll fight it out.

우리는 끝까지 싸우겠다.

The meat is tender.

이 고기는 연합니다.

It's for the birds.

이건 새들도 할 수 있어요.
(너무 쉬워요.)

● 기본 문장 35 번을 응용하는 문장과 짧은 회화 문장을 공부 한다.

㉚ THIRSTY

How do you ~ ? : 당신은 어떻게 ~ 합니까?

How do you open this door?

당신은 이 문을 어떻게 여나요?

How do you believe that?

너는 어떻게 그것을 믿니?

How did you find that out?

너는 그걸 어떻게 알아냈니?

How did you do on that test?

당신은 그 시험에서 어떻게 했죠?

How do you want your steak?

당신은 스테이크를 어떻게 해 주길 원하나요?

How do you know that it's true?

너는 그것이 사실인지 어떻게 아니?

How do you say "hello" in Korean?

한국어로는 "hello"를 어떻게 말하나요?

How do you like your new apartment?

당신은 당신의 새 아파트를 어떻게 좋아하세요?

How do you know John?

당신은 존을 어떻게 알고 있어요?

How did you go to school today?

오늘 어떻게 학교에 갔어요?

Street English

Make way!	**She's in a rage.**	**How can I say this?**
좀 비켜 주세요.	그녀는 몹시 격분했어요.	이것을 어떻게 말하지?
I'm fine.	**She's a natural.**	**You shouldn't have.**
좋습니다.	그녀는 타고 났지요.	이렇게 하지 않아도 되는데.
What now?	**She stood me up.**	**Can we have a talk?**
이제는 뭐야?	그녀한테 바람맞았어.	우리 이야기 좀 할 수 있겠어요?

● 기본 문장 36번을 응용하는 문장과 짧은 회화 문장을 공부한다.

I can't stop ~ing : 나는 ～ 하는 것을 멈출 수 없다.

I can't stop complaining about this machine.

나는 이 기계에 대해서 불평하는 것을 멈출 수가 없다.

I can't stop laughing.

나는 웃는 것을 멈출 수가 없다.

I can't stop loving you.

나는 너를 사랑하는 것을 멈출 수가 없다.

I can't stop dreaming of you.

나는 너를 꿈꾸는 것을 멈출 수가 없다.

I can't stop thinking about him.

나는 그에 대해서 생각하는 것을 멈출 수가 없다.

I can't stop complaining about bad service.

나는 나쁜 서비스에 대해서 불평하는 것을 멈출 수가 없다.

I can't stop complaining about my schedule.

나는 나의 일정에 대해서 불평하는 것을 멈출 수가 없다.

I can't stop complaining about this weather.

나는 이 날씨에 대해서 불평하는 것을 멈출 수가 없다.

I can't stop complaining about the current situation.

나는 현재 상황에 대해서 불평하는 것을 멈출 수가 없다.

I can't stop complaining about how slow this computer is.

나는 이 컴퓨터가 얼마나 느린지에 대해서 불평하는 것을 멈출 수가 없다.

Street English

Butt out.	**He asked for it.**	**I'm hanging up now.**
참견하지 마.	그가 자초한 일이야.	이제 전화를 끊어야겠네요.
Sold out.	**I was told that.**	**Now you're talking.**
팔렸어요.	그렇게 들었어요.	이제야 말이 통하는구나.
Cheer up!	**I'm broke today.**	**You've got a point.**
힘내요!	나 오늘 빈털털이야.	일리가 있어요.

● 기본 문장 37번을 응용하는 문장과 짧은 회화 문장을 공부한다.

⑳ THIRSTY

We are very sorry for ~ : 우리는 ~에 대해서 매우 미안합니다.

We are very sorry for all the trouble we've caused you.

우리는 우리가 원인을 제공한 모든 불편에 대해서 미안하게 생각합니다.

We are very sorry to hear that.

우리가 그것을 듣게 되어서 유감입니다.

We are very sorry for being late.

우리가 늦은 것에 대해 사과드립니다.

We are very sorry for our mistake.

우리는 우리의 실수에 대해서 매우 미안하게 생각합니다.

We are very sorry to keep asking you.

자꾸 당신에게 물어서 죄송합니다.

We are very sorry for the late response.

우리는 늦게 대답 드린 것에 대해서 죄송합니다.

We are very sorry for the inconvenience.

우리가 끼친 불편함에 대해서 매우 미안합니다.

We are very sorry for not finishing this on time.

우리가 제 시간에 이것을 끝내지 못한 것에 대해 아주 죄송합니다.

We are very sorry to bother you at this late hour.

늦은 시간에 당신을 방해해서 죄송합니다.

We are very sorry to interrupt your conversation.

당신의 대화에 끼어들어서 죄송합니다.

Street English

Cheer up!	**I was shaken up.**	**You did a good job.**
힘내요!	나는 놀랐어.	잘 했어요.
It's 4:12.	**I have diarrhea.**	**I'm in good health.**
4시 12분입니다.	나는 설사를 해요.	저는 건강합니다.
Go for it.	**I feel hopeless.**	**I am self-employed.**
가서 가져라.	나는 절망적인 기분이에요.	저는 자영업자입니다.

169

● 기본 문장 38번을 응용하는 문장과 짧은 회화 문장을 공부한다.

⓾ THIRSTY

How long ~? : 얼마나 ~?

How long will it take to fix it?

그것을 고치는 데 얼마나 시간이 걸리지요?

How long will it take to get there?

거기 도착하는 데 얼마나 걸리나요?

How long will it take to memorize these 100 sentences?

100문장을 기억하는 데 얼마나 걸리지요?

How long will it take to finish this course?

당신이 이 코스를 마치는 데 얼마나 걸리나요?

How long are you going to stay here?

당신은 여기에 얼마나 머물 건가요?

How long are you going to be away from home?

너는 얼마나 오랫동안 집에서 나와 있을 거니?

How long are you going to rent this bike?

너는 이 자전거를 얼마나 오래 빌리려고 하니?

How long will it be before she goes home?

그녀가 집에 가기 전에 얼마나 걸릴까?

How long will it be before she stops complaining?

그녀가 불평하는 것을 그치기까지 얼마나 걸릴까?

How long will it be before I receive my pay check?

내가 나의 급여를 받기까지 얼마나 걸릴까?

Street English

Go get it. 가서 가지세요.	**I am having fun.** 나는 즐겁습니다.	**I got here on time.** 저는 제 시간에 왔어요.
Good call. 결정 잘 했어.	**I have a cavity.** 나는 충치가 있어요.	**Would you marry me?** 저와 결혼해 주실래요?
It's free. 공짜입니다.	**I can handle it.** 나는 할 수 있어.	**I disagree with it.** 전 동의하지 않습니다.

● 기본 문장 39번을 응용하는 문장과 짧은 회화 문장을 공부한다.

What a ~ ! : 얼마나 ~인가?

What a mess!
얼마나 엉망인가!

What a game!
얼마나 멋진 게임인가!

What a deal!
멋진 거래군.

What a rip off!
얼마나 큰 착취인가!

2단계

What a lucky guy!

얼마나 행복한 사나이인가!

What a surprise!

놀라워요!

What a gentleman!

얼마나 멋진 사나이인가!

3단계

What a touching story!

얼마나 감동적인 이야기인가!

What a beautiful day!

아름다운 날씨예요.

What a wonderful world!

얼마나 멋진 세상인가!

Street English

It's sour.

그 음식은 시어요.

I knew it.

그럴 줄 알았다니까.

Let it be!

그렇게 하도록 하지요.

I got sunburned.

나는 햇볕에 데었어요.

I've been there.

나도 거기에 있어 봤어.

Stop bugging me.

나 좀 그만 괴롭혀라.

Thanks for calling.

전화 주셔서 감사해요.

I'm so embarrassed.

정말 당황스럽군요.

Keep out of my way.

제 길을 막지 마세요.

I promised to ~ : 나는 ~할 것을 약속한다.

John promised to visit Paul's office before he leaves for Egypt.

존은 그가 이집트로 떠나기 전에 폴의 사무실을 방문할 것을 약속했다.

I promised to come back tomorrow.

나는 내일 돌아올 것을 약속했다.

I promised not to bother John again.

나는 존을 다시 괴롭히지 않을 것을 약속했다.

I promised to be there on her birthday.

나는 그녀의 생일 날에 거기에 있을 것을 약속했다.

I promised not to tell anyone about this.

나는 이것에 대해서 누구에게도 이야기하지 않을 것을 약속한다.

I promised to help protect the environment.

나는 환경을 보호하도록 도울 것을 약속한다.

I promised to fix this problem free of charge.

나는 이것을 무료로 고칠 것을 약속한다.

I promised to tell you everything I know about the accident.

나는 내가 이 사고에 대해서 아는 모든 것을 너에게 말할 것을 약속한다.

I promised to finish this project before the end of this week.

나는 이 프로젝트를 이번 주말 전까지 끝낼 것을 약속했다.

I promised not to do this again, but I failed to keep my promise.

나는 다시는 이러지 않을 거라고 약속했지만, 나는 나의 약속을 지키지 못했다.

Street English

Maybe not.	**Don't bother me.**	**I'll think it over.**
그렇지 않을지도 모르지요.	나를 괴롭히지 말아요.	좀 생각해 볼게요.
All right.	**My throat hurts.**	**That's a good idea.**
그저 그래요.	나는 목이 아파요.	좋은 생각입니다.
Basically.	**Catch you later.**	**Knowledge is power.**
기본적으로.	나중에 이야기해요.	지식은 힘이지요.

● 기본 문장 41번을 응용하는 문장과 짧은 회화 문장을 공부한다.

Let me ~ : 나로 하여금 ~ 하도록 해주세요.

Let me know when she comes in.

나에게 그녀가 출근하면 알려주세요.

Let me know how you are doing.

나에게 네가 어떻게 지내는지 알려줘.

Let me know if anything changes.

어느 것이라도 바뀌면 내게 알려줘.

Let me know if anything comes up.

무슨 일이든 일어나면 내게 알려줘.

Let me know if this is okay with you.

내게 이것이 당신에게 괜찮은지 아닌지 알려주세요.

Let me know when the price drops.

언제든 가격이 떨어지면 내게 알려줘.

Let me know if anyone calls for me.

어느 누구라도 내게 전화하면 알려줘.

Let me know when you need my help.

언제든 나의 도움이 필요하면 알려줘.

Let me know when you will be available.

나에게 언제 네가 시간이 날지 알려줘.

Let me know when you are done with this.

당신이 이것을 끝내면 내게 알려주세요.

Street English

I'm stuck.	**I don't like it.**	**Is it easy to find?**
나는 사면초가 지경이다.	난 그것을 좋아하지 않아요.	찾기 쉬운가요?
I bet you.	**I will miss you.**	**My nose is running.**
나는 확신해.	난 너를 그리워할 거야.	콧물이 나요.
So sue me.	**My eyes are red.**	**I slept like a dog.**
나를 고소하라구.	내 눈은 충혈되었어요.	나는 푹 잘 잤다.

● 기본 문장 42번을 응용하는 문장과 짧은 회화 문장을 공부한다.

Why don't you ~ ? : 당신은 ~ 하지 그래요?

Why don't you give her a call?

당신이 그녀에게 전화해주지 않을래요?

Why don't you join us?

우리에게 합류하는 게 어떠니?

Why don't you go get a job?

일자리를 갖지 그래요?

Why don't you take a break?

휴식을 좀 취하는 게 어때?

Why don't you practice that?

그것을 연습하지 그래?

Why don't you get some sleep?

잠을 좀 자는 게 어때?

Why don't you call me tonight?

오늘 밤 내게 전화하지 않을래요?

Why don't you see your lawyer?

당신 변호사를 만나는 게 어때요?

Why don't you see your doctor?

당신 의사를 만나는 게 어때요?

Why don't you drop by my place abound 7 tonight?

오늘 밤 7시 경에 우리 집에 오지 않을래요?

Street English

I blew it.	**I screwed it up.**	**Speak of the devil.**
내가 망쳤어.	내가 일을 망쳤어요.	호랑이도 제 말 하면 온다니까.
I made it.	**Get off my back.**	**You can call me Ed.**
내가 해냈다.	내게서 떨어져. (괴롭히지 마.)	에드라고 불러주세요.
Lucky you.	**You want to bet?**	**He is a real turkey!**
넌 좋겠다.	너 내기 할래?	그 친구는 정말 멍청이야!

● 기본 문장 43번을 응용하는 문장과 짧은 회화 문장을 공부한다.

I wonder if ~ : 나는 ~일지 궁금해.

I wonder if this pearl necklace will make her happy.

나는 이 진주 목걸이가 그녀를 행복하게 할지 의문이야.

1단계

I wonder if that's true.

나는 그것이 사실인지 아닌지 궁금해.

I wonder how she did it.

나는 그녀가 어떻게 그것을 했는지 궁금해.

I wonder why she is crying.

나는 그녀가 왜 우는지 궁금해.

I wonder why she said that.

나는 왜 그녀가 그렇게 말했는지 궁금해.

I wonder how she got there.

나는 그녀가 어떻게 그곳에 갔는지 궁금해.

I wonder if I was meant for you.

나는 내가 너를 위한 사람인지 아닌지 궁금해.

I wonder if this story will upset her.

나는 이 이야기가 그녀를 화나게 할지 아닐지 궁금해.

I wonder how you did on the test.

나는 네가 그 시험에 어떻게 했는지 궁금해.

I wonder why he didn't call me today.

나는 그가 오늘 왜 나에게 전화를 안 했는지 궁금해.

Street English

Who knows?	**You smell funny.**	**Keep it to yourself.**
누가 알겠어? (몰라.)	너 냄새가 이상해.	비밀로 하세요.
Who is it?	**What's with you?**	**Call me Sam, please.**
누구시지요?	너 왜 그래?	샘이라고 불러주세요.
Try again.	**I got your back.**	**It's a quarter to 5.**
다시 해보세요.	너를 뒤에서 보호하고 있어.	5시 15분 전입니다.

● 기본 문장 44번을 응용하는 문장과 짧은 회화 문장을 공부한다.

Are you ~? : 당신은 ~입니까?

Are you surprised at the news?

당신은 그 뉴스에 놀랐나요?

Are you sick?

당신은 아픈가요?

Are you happy with him?

당신은 그 사람과 행복한가요?

Are you interested in music?

당신은 음악에 관심이 있나요?

Are you surprised at the result?

당신은 그 결과에 대해서 놀랐나요?

Are you tired of your computer?

당신은 당신의 컴퓨터가 싫증났나요?

Are you annoyed with your dog?

당신은 당신 개 때문에 짜증이 나나요?

Are you bored with that game?

너 그 게임이 지겹니?

Are you surprised that she was indicted?

너는 그녀가 기소되었다는 것에 놀랐니?

Are you surprised that two major airports failed the fake bombs tests?

너는 두 곳의 큰 공항이 가짜 폭탄 테스트에 불합격했다는 소식에 놀랐니?

Street English

Next time.	**That's too loud.**	**I am deeply touched.**
다음 번에.	너무 소리가 크다. 튄다.	정말 감동받았어요.
It's warm.	**Don't get upset.**	**Don't rock the boat.**
따뜻합니다.	너무 화내지 말아요.	건들지 말고 그냥 놔두세요.
Follow me.	**You do the math.**	**I'm afraid I can't.**
따라오세요.	네가 계산해 봐.	유감스럽게도 할 수 없을 것 같군요.

● 기본 문장 45번을 응용하는 문장과 짧은 회화 문장을 공부한다.

Do you want me to ~ ? : 당신은 내가 ~하기를 원하나요?

Do you want me to verify that for you?

당신은 내가 당신을 위해서 그것을 확인해주기를 원하나요?

Do you want me to vanish?

너는 내가 없어지기를 원하니?

Do you want me to die for you?

너는 내가 너를 위해서 죽기를 원하니?

Do you want me to pick you up?

당신은 제가 당신을 태워주기를 원하나요?

Do you want me to take you home?

당신은 내가 당신을 집에 데려다주기를 원하나요?

Do you want me to buy that for you?

당신은 내가 당신을 위해서 그것을 구입하기를 원하나요?

Do you want me to sing a song for you?

당신은 내가 당신을 위해서 노래를 하나 해주기를 원하나요?

Do you want me to get some pills for you?

너는 내가 너를 위해서 약간의 약을 가져다 주기를 원하니?

Do you want me to make the reservation for you?

당신은 내가 당신을 위해서 예약을 해주기를 원하나요?

Do you want me to teach you how to play the guitar?

너는 내가 너를 위해서 어떻게 기타를 치는지 가르쳐주기를 원하니?

Street English

Not again?	**Are you kidding?**	**My ears are ringing.**
또 그거야?	진심이에요?	귀가 멍멍해요.
Speak out.	**Let's stay in touch.**	**He is history to me.**
말 좀 크게 하세요.	계속 연락하자.	그는 나에게 지난 일이에요.
Delicious!	**What can you do?**	**You made my day!**
맛있어요.	네가 할 수 있는 게 뭐 있겠니?	당신 때문에 오늘이
	어쩌겠니?	참 즐거웠어요!

● 기본 문장 46번을 응용하는 문장과 짧은 회화 문장을 공부한다.

It was A but B : A이었으나 B이다.

It was here this morning, but it's gone now.

그것이 아침에 여기 있었는데 지금은 없어져버렸네요.

It was $50 yesterday, but it is $200 now.

이것은 어제 50달러였는데 지금은 200달러이다.

It was here a minute ago, but the dog ate it.

그게 방금까지 여기 있었는데 그 개가 그것을 먹어버렸어.

It was rainy this morning, but it's sunny now.

아침에는 비가 왔는데 지금은 쾌청하다.

It was yellow this morning, but it is red now.

그게 아침에는 노란 색이었는데 지금은 빨간 색이다.

It was sunny this morning, but it is raining now.

아침에는 맑았는데 지금은 비가 온다.

It is white, but it will turn red as soon as you open it.

그건 하얀 색이지만, 네가 그걸 열자마자 빨갛게 변할 거야.

It was here this morning, but I guess someone took it.

그것은 오늘 아침 여기 있었다. 하지만 나는 누군가 그것을 가져갔다고 생각한다.

It was here yesterday, but I don't know what happened to it.

그것은 어제 여기 있었는데 나는 그것에 무슨 일이 일어났는지 모른다.

It was none of my business, but I couldn't help but tell them it was the wrong bus.

내 일은 아니었지만 난 그들에게 틀린 버스라고 이야기하지 않을 수 없었다.

Street English

Very good.	**It's up to you.**	**He just stepped out.**
매우 좋은.	당신에게 달렸어요.	그 분은 방금 나갔습니다.
After you.	**You're too much!**	**Don't even go there.**
먼저 가시지요.	당신은 정말 너무해!	그 이야기는 꺼내지도 말아.
You first.	**I'll follow you.**	**It's the same thing.**
먼저 하세요.	당신을 따라가죠.	그거나 저거나 마찬가지네.

● 기본 문장 47번을 응용하는 문장과 짧은 회화 문장을 공부한다.

It's obvious that ~ : ~은 확실하다.

It's obvious that he failed the exam twice before he became a broadcaster.

그가 방송인이 되기 전에 그 시험에 두 번 떨어진 것이 확실하다.

It's obvious that people like what I do.

사람들이 내가 하는 것을 좋아한다는 것은 확실하다.

It is obvious that you don't like her that much.

네가 그녀를 그다지 좋아하지 않는다는 것은 명확하다.

It's obvious that something's wrong with him.

그와 뭔가 문제가 있다는 것은 확실하다.

It is obvious that he couldn't escape from the fire.

그가 화재로부터 탈출할 수 없었다는 것은 명백하다.

It's obvious that he doesn't know who the owner is.

누가 주인인지 그가 모르는 것이 확실하다.

It's obvious that bad things happen to good people.

좋은 사람들에게 나쁜 일이 일어난다는 것은 확실하다.

It is obvious that you didn't get enough sleep last night.

네가 지난 밤에 충분히 잠을 자지 못했다는 것은 명백하다.

It's obvious that he doesn't know how to speak Korean.

그는 어떻게 한국어를 말하는지 모르는 게 분명하다.

It's obvious that he hasn't a clue about Korean culture.

그가 한국 문화에 대해 정보를 가지고 있지 않다는 것은 분명하다.

Street English

It's cool.
멋있네요.

Take care!
몸 조심해. 잘 지내.

What kind?
무슨 종류?

I'd like a loan.
대출을 받고 싶어요.

I taught myself.
독학했습니다.

Don't be afraid.
두려워하지 마세요.

Take my word for it.
그것에 대해선 내 말을 따라요.

It was neck to neck.
그것은 막상막하의 게임이었어요.

That doesn't matter.
그것은 상관이 없어요.

The reason why ~ : ～한 이유는

The reason why he failed the exam was because he didn't study hard enough.

그가 그 시험에 떨어진 이유는 그가 열심히 공부를 하지 않았기 때문입니다.

The reason why I like her is because she is nice to me.

내가 그녀를 좋아하는 이유는 그녀가 나에게 잘하기 때문이다.

The reason why I don't like him is because he is so lazy.

내가 그를 좋아하지 않는 이유는 그가 너무 게으르기 때문이다.

The reason why he gave me money is because I am his tutor.

그가 나에게 돈을 준 이유는 내가 그의 과외 선생님이기 때문이다.

2 단계

The reason why he isn't here is because he overslept this morning.

그가 여기 없는 것은 그가 오늘 아침 늦잠을 잤기 때문이다.

The reason he didn't come today was that he drank too much yesterday.

그가 오늘 올 수 없었던 이유는 그가 어제 너무 많이 마셨기 때문이다.

The reason why he couldn't call home was because he didn't have any coins.

그가 집에 전화할 수 없었던 이유는 그가 동전을 가지고 있지 않았기 때문이다.

3 단계

The reason I went to the hospital was because my friend was really sick.

내가 병원에 간 이유는 나의 친구가 정말 아팠기 때문이다.

The reason I could not speak English was because I never learned how.

내가 영어로 말할 수 없었던 이유는 어떻게 하는지 배우지 않았기 때문이다.

The reason why students fail a test is because their teachers asked the wrong questions.

학생들이 시험에 실패하는 이유는 그들의 교사들이 잘못된 질문을 해왔기 때문이다.

Street English

Don't ask.	**Get out of here.**	**That is second hand.**
묻지 말아요.	말도 안 되는 소리야. 꺼져.	그건 쓰던 거야.
Certainly.	**It tastes funny.**	**Could you e-mail it?**
물론 그러지요.	맛이 이상해요.	그것을 e-mail로 보내줄래요?
That's it.	**It tastes awful.**	**What's the big deal?**
바로 그거야.	맛이 형편없습니다.	그게 뭐 대단한 거라고 그래?

● 기본 문장 49번을 응용하는 문장과 짧은 회화 문장을 공부한다.

It's too bad that ~ : ~은 너무 안 됐다.

It's too bad that he had no time to study.

그가 공부를 할 시간이 없었다는 것은 너무 안 됐다.

It's too bad that they had to break up.

그들이 헤어진 것은 너무 안 됐다.

It's too bad that her sales are declining.

그녀의 영업 실적이 떨어진진다는 것이 너무 안 됐다.

It's too bad that you can't go there with us.

네가 우리와 함께 그곳에 갈 수 없다는 것은 너무 안 됐다.

It's too bad that you don't have any friends.

네가 어떤 친구도 없다는 것이 너무 안 됐다.

It's too bad that we had no time to practice.

우리가 연습할 시간이 없다는 것이 너무 안 됐다.

It's too bad that everything we have was taken away.

우리가 갖고 있던 모든 것을 빼앗겼다는 것이 너무 안 됐다.

It's too bad that you can't come here on my birthday.

네가 내 생일 날 여기에 올 수 없다는 것이 너무 안 됐다.

It's too bad that you can't take the course this semester.

네가 그 과목을 이번 학기에 택할 수 없다는 것은 너무 안 됐다.

It's too bad that the media will focus more on negative stories.

미디어가 더 많은 부정적인 이야기들에 집중할 것이라는 것이 너무 안 됐다.

Street English

Way to go!	**Enjoy your meal.**	**I am looking around.**
바로 그렇게 하는 거야.	맛있게 드세요.	그냥 둘러보는 겁니다.
I am full.	**You're the boss.**	**She's a picky eater.**
배불러요.	명령대로 하겠어요.	그녀는 식성이 꽤 까다롭습니다.
Excuse me.	**What time is it?**	**She kept to herself.**
실례합니다.	몇 시지요?	그녀는 입이 무거워요.

● 기본 문장 50번을 응용하는 문장과 짧은 회화 문장을 공부한다.

I used to ~ : 나는 ~하곤 했다.

He used to be a lawyer, but he retired last year.

그는 변호사였지만 작년에 은퇴했습니다.

1 단계

I used to like him, but not any more.

나는 그를 많이 좋아했지만 지금은 더 이상 좋아하지 않는다.

I used to go there, but I can't anymore.

나는 그곳에 가곤 했으나 요즘은 그곳에 갈 수 없다.

I used to eat lunch at John's Burger Palace.

나는 존의 햄버거 가게에서 점심을 먹곤 했다.

I used to hate classical music, but I love it now.

나는 클래식 음악을 싫어했지만 지금은 좋아한다.

I used to be an engineer, but I am a teacher now.

나는 엔지니어였지만 지금은 선생이다.

I used to think that way, but I think differently now.

나는 그런 식으로 생각하곤 했지만 지금은 다르게 생각한다.

I used to like her very much, but I don't any more.

나는 그녀를 매우 좋아했지만 더 이상은 좋아하지 않는다.

I used to think the same as John, but not any more.

나는 존과 같은 생각을 하곤 했으나 더 이상은 아니다.

I used to drink a lot of coffee, but I stopped doing that.

난 커피를 많이 마셨었지만 지금은 끊었다.

Street English

I love it.	**I ache all over.**	**He has a shoddy job.**
아주 좋아해.	나는 몸살이 났어요.	그는 겉만 좋은 직업을 갖고 있어.
Be seated.	**What's the buzz?**	**He's young at heart.**
앉으세요.	무슨 소문이지?	그는 마음은 젊은 분이야.
Who cares!	**What did I miss?**	**He is very generous.**
알게 뭐야. 상관하지 않아.	무슨 일이었지요?	그는 매우 관대합니다.

● 기본 문장 51번을 응용하는 문장과 짧은 회화 문장을 공부한다.

I hate to ~ : 나는 ~을 싫어한다.

I hate to admit it, but it's true. I am a vegetarian.

인정하긴 싫지만 나는 채식주의자입니다.

I hate to do this.
나는 이것을 하기 싫다.

I hate to be alone.
나는 혼자 있는 것이 싫어.

I hate to eat alone.
나는 혼자 먹는 것을 싫어한다.

I hate to go to school.

나는 학교에 가기 싫다.

I hate to be late for work.

나는 일에 늦는 것을 싫어한다.

I hate to go to the dentist.

나는 치과에 가는 것을 싫어한다.

I hate to say this, but you are lazy.

나도 이런 말을 하는 게 싫지만 너는 게을러.

I hate to get up early in the morning.

나는 아침에 일찍 일어나는 것을 싫어한다.

I hate to mention this in public, but you are a mean guy.

사람들 앞에서 이렇게 언급하긴 싫지만 넌 정말 비열한 놈이야.

Street English

Which one?	**What's the rush?**	**He has love handles.**
어느 거요?	뭐가 그리 바빠요?	그는 배에 군살이 있어요.
What's up?	**What's the word?**	**He eats like a bird.**
어떠세요?	뭐더라?	그는 적게 먹어요.
No wonder.	**On the contrary.**	**He's easy to please.**
어쩐지 그렇더라.	반대로.	그는 쉽게 만족해요.

● 기본 문장 52번을 응용하는 문장과 짧은 회화 문장을 공부한다.

Be sure to ~ : ~을 확실하게 하세요.

Be sure to call me as soon as you get to Tokyo.

당신이 도쿄에 도착하자마자 나에게 전화하는 거 확실하게 하세요.

Be sure to call me at 6 tonight.

오늘 밤 6시에 나에게 전화하는 거 확실히 해라.

Be sure to call me if you get lost in Seoul.

만약 네가 서울에서 길을 잃는다면 나에게 전화하는 것을 명심해라.

Be sure to turn off the gas before you leave.

네가 떠나기 전에 가스를 잠그는 것을 확실히 해라.

Be sure to take your medicine after dinner.

저녁 후에 네가 약 먹는 것을 확실히 해라.

Be sure to get plenty of rest on the weekend.

주말 동안 충분히 쉬도록 해라.

Be sure to stretch every few hours on the plane.

비행기에서 몇 시간에 한 번은 꼭 스트레칭을 해라.

Be sure to purchase your ticket before it's too late.

너무 늦기 전에 너의 티켓을 사는 것을 확실히 해라.

Be sure to close the window before you go to bed.

네가 잠자리에 들기 전에 창문을 닫을 것을 확실히 해라.

Be sure to finish your homework before you go out.

네가 나가기 전에 숙제를 끝내는 것을 확실히 해라.

Street English

Like what?
예를 들면 어떤 것이요?

It's sour.
이것은 시어요.

Oh, shoot!
이런 젠장.

Not necessarily.
반드시 그럴 것까진 없습니다.

Nothing special.
별일 없습니다.

Do you have a P.O. box?
개인 사서함이 있나요?

I'm fed up with him.
그는 정말 지긋지긋해요.

Let's call it a day!
그만 퇴근합시다!

Today is not my day.
기분이 좋지 않아.

● 기본 문장 53번을 응용하는 문장과 짧은 회화 문장을 공부한다.

It is A to B : B 하는 것은 A 하다.

It's not easy for me to learn English and Japanese at the same time.

영어와 일본어를 동시에 배우고 있는데 쉽지가 않네요.

It's kind of you to give me a ride.

태워주시디니 당신 참 친절하군요.

It's not easy for me to criticize anyone.

내가 어떤 사람을 비평하는 것은 쉽지 않은 일이다.

It's not easy for me to do two things at one time.

나는 한 번에 두 가지 일을 하는 것이 쉽지 않다.

It's not easy for me to memorize 100 sentences.

내가 100문장을 다 암기하는 것은 쉽지 않은 일이다.

It's very nice of you to help me with my homework.

숙제를 도와주시다니 당신 참 친절하군요.

It's not that difficult once you understand his theory.

일단 네가 그 뒤에 있는 이론을 이해한다면 그것은 그리 어렵지 않을 것이다.

It's not easy for him to keep all the promises he made.

그가 약속한 것을 다 지키는 것은 쉽지 않을 것이다.

It's easy for me to learn how to program this machine.

내가 그 기계의 프로그램을 짜는 방법을 배우는 것은 쉬운 일이다.

It's not possible for anyone to master English within a month.

누구든 영어를 한 달 안에 통달한다는 것은 가능하지 않다.

Street English

Time's up.	**A piece of cake.**	**Stop pulling my leg.**
이제 시간이 되었어요	식은 죽 먹기지요.	나 좀 그만 놀려.
Forget it.	**Are you serious?**	**I must be going now.**
잊으세요.	심각해요?	나는 가야 할 것 같습니다.
Lucky you!	**Look who's here.**	**I have a high fever.**
자네 운이 좋았어.	아니 이게 누구야.	나는 열이 좀 있어요.

● 기본 문장 54번을 응용하는 문장과 짧은 회화 문장을 공부한다.

Thanks for ~ing : ~에 대해서 감사합니다.

Thanks for coming.
와주셔서 감사합니다.

Thanks for calling.
전화주셔서 감사해요.

Thanks for helping me.
나를 도와주어서 감사합니다.

Thanks for telling me that.
나에게 그것을 말해주어서 감사합니다.

Thanks for having me here.

나를 여기 초대해줘서 고마워요.

Thanks for sharing that with me.

저에게 그걸 공유해주시다니 고맙습니다.

Thanks for keeping your promise.

당신이 약속을 지켜준 것에 대해 감사드립니다.

Thank you for giving us this opportunity.

이번 기회를 주신 것에 대해 당신에게 감사드립니다.

Thanks for making all of this possible.

모든 걸 이렇게 가능하게 해주셔서 감사합니다.

Thanks for helping me out all the time.

항상 저를 도와주셔서 감사합니다.

Street English

Way to go.	**It's really bad.**	**I have a stiff neck.**
잘 한다.	아주 나빠요.	나는 목이 뻣뻣해요.
Well done.	**It's no-brainer.**	**I want to slim down.**
잘 했어요	아주 쉬워. 뇌가 필요없어.	나는 좀 날씬 해지기를 원해.
Excellent!	**Hi, how are you?**	**I am out of job now.**
잘 했어요.	안녕하세요?	나는 지금 놀고 있어요.

Would you mind ~ing? : 당신은 ～ 하는 걸 꺼려하나요?

Would you mind opening the door?

당신은 창문을 여는 것을 꺼려합니까?

Would you mind not smoking?

담배를 안 피우는 것을 꺼려합니까?

Would you mind coming over here?

당신은 이곳으로 오는 것을 꺼려합니까?

Would you mind filling out this form?

당신은 이 질문서를 작성해주는 걸 꺼려하나요?

Would you mind reviewing this for me?

당신은 나를 위해서 이것을 검토하는 것을 꺼려합니까?

Would you mind trading seats with me?

당신은 나와 자리를 바꾸는 것을 꺼려합니까?

Would you mind passing the potatoes?

감자를 넘겨주는 것을 꺼려합니까?

Would you mind calling Jennifer for me?

나를 위해 제니퍼에게 전화해주는 것을 꺼려합니까?

Would you mind telling me your schedule?

당신은 당신의 스케줄을 나에게 말해주는 것을 꺼려합니까?

Would you mind moving over to your right?

당신은 당신의 오른쪽으로 옮기는 것을 꺼려하나요?

Street English

I am back.	**You, cheapskate.**	**I have a runny nose.**
저 돌아왔습니다.	야, 너 구두쇠.	나는 콧물이 나요.
Same here.	**How is it going?**	**You can count on me.**
저도 동감입니다.	어떻게 지내?	나를 믿으세요.
Let's see.	**What do you say?**	**I don't give a damn.**
좀 봅시다..	어떻게 할 겁니까?	난 그까짓 것에 대해서 상관하지 않아요.

- 기본 문장 56번을 응용하는 문장과 짧은 회화 문장을 공부한다.

I feel like ~ing : 나는 ~ 하고 싶다.

I don't feel like going out tonight.

나는 오늘 밤 나가고 싶은 기분이 아니야.

1 남께

I feel like crying.

나는 울고 싶어.

I feel like throwing up.

나는 토할 것 같아.

I feel like hitting something.

나는 뭔가를 치고 싶어.

I don't feel like going there.

나는 그곳에 가고 싶지 않아.

I don't feel like working today.

나는 오늘 일하고 싶지 않아.

I don't feel like studying today.

나는 오늘 공부하고 싶지 않다.

I don't feel like talking about it.

나는 거기 대해 말하고 싶지 않다.

I don't feel like cracking a joke.

나는 농담을 하고 싶은 느낌이 아니다.

I don't feel like having Mexican food.

나는 멕시코 음식을 먹고 싶지 않다.

Street English

Chill out. 좀 침착해라.	**I can't help it.** 어쩔 수 없다.	**I don't believe it.** 난 믿지 않아요.
Okeydokey. 좋아요.	**I had no choice.** 어쩔 수 없었어.	**Make mine well done.** 내 것은 잘 익혀줘요.
Watch out! 주의해요.	**Can I park here?** 여기에 주차해도 됩니까?	**Don't get me wrong.** 내 말을 오해하지 마세요.

- 기본 문장 57번을 응용하는 문장과 짧은 회화 문장을 공부한다.

Will you have ~? : 당신은 ~ 해줄래요?

Will you have him deliver it to my office?

당신은 그가 그것을 나의 사무실로 배달하도록 해줄래요?

Will you have him go there by 10?

당신은 그가 10시까지 가도록 해줄래요?

Will you have him clean his room?

당신은 그가 그의 방을 청소하게 해줄래요?

Will you have him come back tomorrow?

당신은 그가 내일 오도록 해주겠습니까?

Will you have him send the package before 5?

당신은 그가 5시 전에 이 편지를 보내도록 해주겠습니까?

Will you have him call me back as soon as possible?

당신은 그가 가능한 빨리 내게 전화를 하도록 해주실래요?

Will you have them start the status meeting without me?

당신은 그들이 나없이 상황 회의를 시작하도록 해주겠습니까?

Will you have my husband call me when he gets home?

당신은 나의 남편이 집에 오게 되면 나에게 전화하도록 해줄래요?

Will you have him finish his homework before he goes out?

당신은 그가 나가기 전에 그가 숙제를 끝내도록 해줄래요?

Will you have him finish his homework as soon as possible?

당신은 그가 가능한 한 빨리 숙제를 끝내도록 해 줄래요?

Street English

Calm down.	**I'm glad I came.**	**Can you hear me now?**
진정하세요.	오게 되어서 기뻐요.	내 말이 들리세요?
Loosen up!	**Can you make it?**	**My vision is blurry.**
진정해!	오실 수 있겠어요?	내 시력은 흐릿해요.
Stay cool.	**Come and get it.**	**Get out of my sight.**
진정해요.	와서 가지세요. 와서 먹어요.	내 앞에서 꺼져버려.

● 기본 문장 58번을 응용하는 문장과 짧은 회화 문장을 공부한다.

Before ~ : ~ 전에

Before I go, why don't I take a picture of the sleeping puppy?

내가 가기 전에, 자고 있는 강아지의 사진을 찍어 주자꾸나.

1 단계

Before I order, I'd like to have a drink.

주문 하기 전에 먼저 한잔 하고 싶습니다.

Before I knew it, she walked out on me.

내가 알기 전에 그녀는 나를 떠나버렸습니다.

Before I buy clothes, I always try them on.

나는 옷을 사기 전에 항상 그것들을 입어본다.

2 단계

Before I let you in, I have to see your photo-ID.

내가 너를 들어오게 하기 전에 나는 너의 사진 증명서를 보아야 한다.

Before I could say anything, she disappeared.

내가 어떤 것을 말하기 전에 그녀는 없어졌다.

Before I sign this, I want to ask you a question.

내가 이것을 서명하기 전에 나는 너에게 한 가지 질문을 할 것이다.

3 단계

Before I do this, I have to ask you one question.

내가 이것을 하기 전에 나는 너에게 한가지 질문을 해야 한다.

Before I sign the paper, I should talk to my lawyer.

내가 이 서류에 서명하기 전에 나는 나의 변호사와 이야기를 해야 한다.

Before you sign that paper, I advise you to read it again.

당신이 그 서류에 사인을 하기 전에 나는 당신에게 그것을 다시 읽어볼 것을 충고합니다.

Street English

I mean it. 진짜라니까.	**What's the fare?** 요금은 얼마인가요?	**Do I look all right?** 내가 괜찮게 보여요?
It's cold. 추워요.	**Do you exercise?** 운동을 좀 하십니까?	**I guess I goofed up.** 내가 망친 것 같아요.
Thank God. 하나님, 감사합니다.	**What a surprise!** 얼마나 놀라운 일인가!	**Don't play innocent.** 내숭 좀 떨지마라.

● 기본 문장 59번을 응용하는 문장과 짧은 회화 문장을 공부한다.

Having + 과거분사 ~ : (과거분사) ~ 해서

Having done that, I guess I can go home now.

그것을 했기 때문에, 나는 이제 집에 갈 수 있다고 생각해.

1단계

Having done that, I guess we can take a day off.

그것을 했기 때문에, 우리는 하루 쉴 수 있다고 생각해.

Having said that, I must compliment the government.

그것을 말했으니까, 나는 정부에 대해서 칭찬을 해야만 한다.

Having said that, our society has been changing rapidly.

그렇게 말한 것처럼, 우리의 사회는 급하게 변한다.

Having done my homework, I guess I can watch the movie.

나의 숙제를 했기 때문에, 나는 영화를 볼 수 있다고 생각해.

Having said that, I left the room before she could say anything.

그것을 말했기에, 나는 그녀가 어떤 것을 말하기 전에 그 방을 떠났다.

Having completed all of his prerequisites, John is now working.

그의 모든 필수 조건을 마쳤기 때문에, 존은 지금 일하고 있다.

Having completed his training, Dr. Kim went to work at the hospital.

그의 모든 훈련을 다 마쳤기 때문에, 김 박사는 병원으로 일하러 갔다.

Having completed his sentence, he will be released without conditions.

그의 형벌을 모두 마쳤기 때문에, 그는 아무 조건 없이 석방될 것이다.

Having done my undergraduate studies at Princeton, I then moved to Boston for graduate school.

나는 학부를 프린스턴 대학에서 끝내고 나서 대학원을 위해 보스톤으로 옮겼다.

Street English

I am free.
한가합니다.

Let's try.
한번 해보지요.

Good luck.
행운을 빕니다.

I am afraid not.
유감스럽게도 아닌데요.

Get the picture?
이제 뭔가 보이세요?

It's about time.
이제 시간이 되었네요.

You're not that bad.
너 나쁘지 않은데.

What do you call it?
너는 그것을 뭐라고 부르더라?

Don't work too hard.
너무 열심히 일하지 마세요.

60 SICKBED

It turned out that ~ : ～이 판명되었다.

It turned out that they were struck by lightning.

그들이 벼락에 맞은 것으로 판명되었어요.

It turned out that John was not guilty.

존은 무죄로 판명되었다.

It turned out that he didn't go to Boston.

그가 그날 보스턴으로 가지 않았다는 것이 드러났다.

It turned out that Sam liked her very much.

샘이 그녀를 많이 좋아하는 것으로 드러났다.

It turned out that I had to go there everyday.

내가 그곳에 매일 가야 하는 것으로 드러났다.

It turned out that John was born in the United States.

존은 미국에서 태어난 것으로 밝혀졌다.

It turned out that I didn't have to take the driving test.

나는 운전 주행 시험을 안 보아도 되는 것으로 판명되었다.

It turned out that the boys had been charged with fraud.

소년들이 사기죄로 기소되었음이 판명되었다.

It turned out that he didn't have to pay anything for the food.

그가 음식값을 어느 것도 지불하지 않았던 것이 드러났다.

It turned out that the apartment was too small for our family.

그 아파트가 우리 가족에게 너무 작다는 것으로 판명되었다.

Street English

I'm angry.	**Keep the change.**	**I'll just go for it.**
화가 나요.	잔돈은 가지세요.	난 그냥 할 꺼야.
I'm upset.	**I'm doing great.**	**What's on your mind?**
화가 나요.	잘 지냅니다.	네 생각은 뭐냐?
Is John in?	**I'm a freshman.**	**You can take a pick.**
존 있나요?	저는 1학년입니다.	너는 골라 잡을 수 있어.

Be ~ : ~ 이 되세요.

Be careful! You are as bad as my ex-boyfriend.

조심해요. 당신은 나의 지난 번 남자 친구만큼 나빠요.

Be quiet!

조용하세요.

Be strong!

강해지세요.

Be honest!

정직해지세요.

Be careful with that knife.

그 칼을 조심해요.

Be careful whenever you drive that car.

당신이 그 차를 운전할 때마다 주의해야 합니다.

Be careful not to step on broken glass.

깨진 유리 위를 걷지 않도록 조심해라.

Be careful not to eat undercooked chicken.

덜 익은 닭을 먹지 않도록 조심해라.

Be careful when you are driving on a snowy road.

눈 온 길에서 운전할 때는 조심해라.

Be careful when you talk about that in front of him.

당신이 그의 앞에서 그것을 이야기를 할 때는 주의해야 합니다.

Street English

I'm coming.	**I'm an engineer.**	**Who is this, please?**
갑니다. 가요.	저는 엔지니어입니다.	누구십니까?
Just about.	**I'm on his side.**	**That's anther story.**
거의.	저도 그와 같은 생각입니다.	그건 다른 얘기야.
Keep going.	**Never say never.**	**Good talking to you.**
계속 가세요.	절대로 절대라는 말을 하지 마라.	당신과의 대화는 즐거웠어요.

⑥ SICKBED

This is ~ : 이것은 ~이다.

This is better than the other one.

이게 다른 것보다 더 좋아요.

This is my first son.

이 아이가 나의 장남입니다.

This is my wedding ring.

이게 내 결혼 반지야.

This is my wife Michelle.

이 사람이 내 아내 미셸입니다.

This is for Mr. Sam Park.

이것은 샘박을 위한 것이다.

This is for the final exam.

이것은 학기말 시험을 위한 것이다.

This is simply unacceptable.

이것은 단순하게 받아들이기 힘드네요.

This is for our department picnic.

이것은 우리 과의 소풍을 위한 것이다.

This is the best food I've ever had.

이것은 내가 맛본 가장 훌륭한 음식입니다.

This is John speaking. Can I help you?

존이 얘기하고 있습니다. 제가 뭐 도와드릴까요?

Street English

Keep it up.

계속해서 그렇게 해요.

What's new?

그 동안 새로운 거 있었어요?

It's sweet.

그 음식은 달아요.

What a scorcher!

정말 푹푹 찌는군.

I'm telling you.

진짜라니까.

Not good enough.

아직 좀 모자라.

I'll think it over.

좀 생각해 볼게요.

That's a good idea.

좋은 생각입니다.

Knowledge is power.

아는 것이 힘이다.

● 기본 문장 63번을 응용하는 문장과 짧은 회화 문장을 공부한다.

No one is ~ : 아무도 ∼이다.

No one is worse than my ex-boyfriend.

아무도 나의 지난 번 남자 친구보다 나쁜 사람은 없어요.

No one is above you.

아무도 너 위에 없다.

No one is above the law.

아무도 법 위에 없다.

No one is telling you what to do.

아무도 너에게 무엇을 해야 하는지 말하지 않는다.

No one can dance to that music.

어떤 사람도 그렇게 춤출 수는 없어.

No one believed what John said.

아무도 존이 이야기한 것을 믿지 않았다.

No one said you were a bad guy.

아무도 네가 나쁜 사람이라고 말하지 않았다.

No one is as bad as people think.

어느 누구도 사람들이 생각하는 것처럼 나쁘지 않아.

No one is as bad as people say he is.

아무도 사람들이 그가 나쁘다고 말하는 만큼 나쁜 사람은 없다

No one is smarter than John in our school.

아무도 우리 학교에서 존보다 더 똑똑한 사람은 없다.

Street English

That'll do.	**I am in a hurry.**	**Which child are you?**
그거면 되었어요.	좀 바쁩니다.	당신은 몇 째입니까?
Is that so?	**Oh, that's cool!**	**I know how you feel.**
그게 그런가요?	좋았어요. 멋있어요.	당신의 기분을 잘 알아요.
That's all.	**Have a nice day.**	**It's a C.O.D. order.**
그게 다야.	좋은 날 되세요.	이건 대금 상환 주문입니다.

● 기본 문장 64번을 응용하는 문장과 짧은 회화 문장을 공부한다.

⑥ SICKBED

I guess ~ : 나는 ~이라고 생각한다.

I guess he must have fallen from the roof.

나는 그가 지붕에서 떨어진 게 분명하다고 생각해요.

I guess I made a mistake.

난 내가 실수했다고 생각해.

I guess he is not ready yet.

나는 그가 아직 준비가 되지 않았다고 생각한다.

I guess I will buy this round.

나는 내가 이번 것을 살 거라고 생각해.

I guess you are right this time.

나는 이번엔 당신이 옳다고 생각해.

I guess you'll just have to wait.

난 네가 기다려야 할 거라고 생각해.

I guess you don't have to go there.

나는 네가 그곳에 가지 않아도 된다고 생각한다.

I guess they are not coming today.

나는 그들이 오늘 오지 않는다고 생각한다.

I guess you don't have to come here again.

나는 네가 여기에 다시 오지 않아도 된다고 생각해.

I guess we are taking the same bus to the airport.

난 우리가 공항으로 가는 같은 버스를 탄다고 생각해.

Street English

Is that it?
그게 다야?

That's all?
그게 전부예요?

Fat chance!
그럴 가망이 없다!

Sorry, I can't.
죄송하지만 안되겠는데요.

Are you in line?
줄에 서있어요?

Get in the line.
줄을 서세요.

I can't pinpoint it.
딱 꼬집어 말할 수가 없군요.

Do you have a light?
불 좀 빌릴 수 있을까요?

How nice to see you!
만나서 정말 반갑군요!

● 기본 문장 65번을 응용하는 문장과 짧은 회화 문장을 공부한다.

What have you ~? : 당신은 무엇을 ~ 했나요?

What have you done today?

당신은 오늘 무엇을 했나요?

What have you found?

당신은 무엇을 발견했나요?

What have you studied?

당신은 무엇을 공부했나요?

What have you got to hide?

당신은 숨길 무엇인가를 가지고 있나요?

What have you got to lose?
당신은 잃어버릴 뭔가가 있나요?

What have you learned today?
당신은 오늘 무엇을 배웠나요?

What have you got against her?
당신은 그녀에 반대하는 무엇을 가지고 있나요?

What have you been listening to?
당신은 무엇을 듣고 있는 중인가요?

What have you done for your parents lately?
당신은 요즘 당신의 부모를 위해서 무엇을 했나요?

What have you gotten yourself into this time?
너는 이번에 무슨 일에 관련되었니?

Street English

Not really.
그렇지는 않아.

Cut it out.
그만둬요.

I can wait.
기다릴 수 있어요.

So far, so good.
지금까지는 좋은데요.

Care to join us?
참석하시겠어요?

Congratulations!
축하합니다.

Watch your language.
말 조심해요.

Stay out of trouble.
말썽 부리지 말아요.

It's all your fault.
모든 게 네 잘못이야.

ⓖ SICKBED

I have been ~ing : 나는 ～을 해오고 있는 중이다.

I have been watching TV since 2 this afternoon.

나는 오후 2시부터 줄곧 TV를 보고 있는 중입니다.

I have been doing this since 1990.

나는 1990년부터 죽 이것을 해오고 있는 중이다.

I have been trying to find you all day.

나는 하루 종일 너를 찾으려고 시도했다.

I have been studying English for six years.

나는 근래 6년 동안 영어를 공부하고 있는 중입니다.

I have been trying to call you all day long.
난 하루 종일 네게 전화하려고 시도하고 있는 중이다.

I have been studying since this morning.
나는 아침부터 계속해서 공부를 하고 있는 중이다.

I have been talking on the phone for 5 hours.
나는 5 시간 동안 전화로 이야기하고 있는 중이다.

I have been collecting old coins for about seven years.
나는 약 7년 동안 오래된 동전을 수집하고 있는 중이다.

I have been working for nearly three weeks without sleep.
나는 거의 3주일 동안 잠을 안자고 일하고 있는 중이다.

I have been waiting for my suitcases since 10 this morning.
나는 오늘 아침 10시부터 나의 여행가방을 기다리고 있는 중이다.

Street English

Disgusting!	**I've had enough.**	**Just bring yourself.**
기분 나빠. 재수 없어.	충분히 배불러요.	몸만 오세요.
Lighten up.	**Come as you are.**	**I'm scared to death.**
기운을 좀 내라.	있는 그대로 오세요.	난 무서워 죽겠어.
I got lost.	**Give me a break.**	**What was I thinking?**
길을 잃었어요.	한번만 봐줘.	내가 무슨 생각으로 이러지?

● 기본 문장 67번을 응용하는 문장과 짧은 회화 문장을 공부한다.

⑥ SICKBED

You mean ~ : 당신은 ~ 이라는 말인가요?

You mean you didn't have an interview today?

당신 오늘 인터뷰를 하지 않았단 말인가요?

You mean you can't go with us?

당신이 우리와 함께 갈 수 없다는 말인가요?

You mean I won the grand prize?

당신 내가 대상에 당첨되었다고 말하는 거예요?

You mean this is your final offer?

이게 당신의 마지막 제안이란 말인가요?

You mean he didn't go to school today?

당신 말은 그가 오늘 학교에 가지 않았다는 것을 의미합니까?

You mean I didn't stop at the stop sign?

당신 말은 제가 정지 신호에서 서지 않았단 말인가요?

You mean I did all this work for nothing?

내가 아무런 목적도 없이 이 모든 일을 했단 말이야?

You mean I offended you by saying that?

당신 말은 내가 그것을 말함으로써 당신을 모욕했다는 건가요?

You mean you lost your wallet at the theater?

너 얘기는 극장에서 네 지갑을 잃어버렸다는 거야?

You mean you don't know where you parked your car?

너는 네가 어디에 너의 차를 주차했는지 모른다는 말이니?

Street English

You got me!	**Behave yourself.**	**What's the occasion?**
나는 모르는데.	행동에 자제를 해주세요.	무슨 일이죠?
I am broke.	**I didn't mean to.**	**What makes him tick?**
나는 무일푼입니다.	난 그렇게 할 의도는 아니었어요.	무엇이 그를 움직이게 할까?
Back me up.	**It's April 15th.**	**What's the big deal?**
나를 지원해주세요.	4월 15일입니다.	무슨 난리에요?

⑥ SICKBED

I'd rather ~ : 나는 차라리 ~

I'd rather stay home tonight.

나는 차라리 오늘 밤 집에 머물래요.

I'd rather laugh than cry.

나는 울기보다는 차라리 웃겠다.

I'd rather not talk about it.

나는 그것에 관해 이야기하지 않는 게 낫겠어.

I'd rather be right than popular.

나는 유명해지기보다는 올바른 길을 가겠다.

I'd rather just keep it to myself.

나는 차라리 그냥 이것을 비밀로 하는 게 낫겠다.

I'd rather watch a video tonight.

난 오늘밤 비디오를 보는 게 낫겠어.

I'd rather go naked than wear fur.

나는 (동물) 털을 입느니 차라리 벌거벗겠다.

I'd rather stay home with the kids.

나는 아이들과 함께 집에 머무는 편이 낫겠다.

I'd rather not do it that way this time.

나는 이번에 그것을 그 방법으로 하지 않는 것이 좋겠다.

I'd rather not ask him that question.

나는 그에게 그 질문을 묻지 않는 게 낫겠어.

Street English

It's on me.

내가 삽니다.

Going down?

내려 가세요?

No offense.

너 기분 나쁘게 하려고
하는 것은 아니다.

It's half past 4.

4시 반입니다.

Chances are slim.

가능성이 적어요.

How's the family?

가족들은 어떻게 지내세요?

When's the due date?

반납 기한이 언제죠?

I sprained my ankle.

발목을 삐었습니다.

The battery is dead.

배터리가 떨어졌어.

● 기본 문장 69번을 응용하는 문장과 짧은 회화 문장을 공부한다.

⑥ SICKBED

How about ~? : ~은 어때요?

How about Jimmy?

지미는 어때요?

How about me?

나는 어때?

How about a Coke?

콜라 어때요?

How about sitting for a while?

잠깐 앉는 게 어떠니?

2 단계

How about going on vacation?
휴가를 가는 것은 어때?

How about you just call me Sam?
나를 그냥 샘이라고 부르는 것이 어때요?

How about something hot to drink?
따뜻한 걸로 뭣 좀 마시는 게 어때요?

3 단계

How about I buy everything in bulk?
내가 대량 구매로 전부 다 사버리면 어때요?

How about a laptop computer for John?
존을 위해서 랩톱은 어때요?

How about we schedule this meeting for another time?
우리 이번 미팅을 다른 때로 조정하는 게 어때요?

Street English

Yeah, Yes.
네.

Come again?
다시 말해줄래요?

I envy you.
당신이 부러워요.

How's you family?
가족은 잘 있어요?

It is time to go.
갈 시간입니다.

Nothing personal.
개인적인 것은 아니야.

I am getting hungry.
배가 슬슬 고파 오는데요.

My stomach is upset.
배탈이 났어요.

Sorry to bother you.
번거롭게 해서 죄송합니다.

● 기본 문장 70번을 응용하는 문장과 짧은 회화 문장을 공부한다.

⑦ 7-24 STORE

It seems to me that ~ : 나에게는 ~인 것 같네요.

It seems to me he doesn't care about anything any more.

내가 보기에 그는 더 이상 아무 것에도 신경 쓰지 않는 것처럼 보입니다.

It seems to me he lost control.

내가 보기에는 그가 통제력을 잃은 것처럼 보이네요.

It seems to me he missed the point completely.

내가 보기에는 그가 완전히 그 포인트를 놓친 것처럼 보인다.

It seems to me we never get together anymore.

내 보기에 우리는 결코 더 이상 함께 모이기 어려울 것 같아.

It seems to me he has never done this before.
내가 보기에는 그는 이것을 전혀 해본 적이 없는 것처럼 보인다.

It seems to me that God just doesn't love me any more.
내가 보기에는 하나님이 나를 더 이상 사랑하지 않는 것 같다.

It seems to me that sorry seems to be the hardest word.
내가 보기에는 '미안해'라는 말이 가장 어려운 단어 같아.

It seems to me that I'm probably not going to get the job this time.
내가 보기에는 나는 이번에 그 직업을 얻지 못할 것처럼 보인다.

It seems to me that most people don't save enough for retirement.
내가 보기에는 대부분의 사람들이 은퇴 후를 위해서 충분히 저축하지 않는 것 같다.

It seems to me we are not going to get a Christmas bonus.
내가 보기에는 우리가 전에 약속받았던 크리스마스 보너스를 받지 못할 거 같아.

Street English

You'll see. 두고 봐라.	**Check please.** 계산서 주세요.	**It's as good as new.** 새 것과 같아요.
Come on in. 들어오세요.	**I'm so flattered.** 과찬이네요.	**Do you enjoy skiing?** 스키를 좋아하세요?
I can tell. 내가 그냥 보니 알겠네요.	**He hung up on me.** 그가 내 전화를 끊었어.	**Only time will tell.** 시간이 지나면 알게 될 것입니다.

● 기본 문장 71번을 응용하는 문장과 짧은 회화 문장을 공부한다.

 7-24 STORE

What do you think of ~? : 당신은 ~을 어떻게 생각하나요?

What do you think of the security guard who sleeps on the job?

당신은 근무 중에 잠을 자는 청원경찰을 어떻게 생각하나요?

What do you think about that?

너는 그것에 대해 어떻게 생각하니?

What do you think of this idea?

너는 이 아이디어에 대해서 어떻게 생각하니?

What do you think of Korean food?

너는 한국음식에 대해 어떻게 생각하니?

What do you think about this plan?

너는 이 계획에 대해 어떻게 생각하니?

What do you think of my new hairdo?

당신은 나의 새로운 머리 스타일에 대해 어떻게 생각하나요?

What do you think about the movie?

너는 그 영화에 대해 어떻게 생각하니?

What do you think of tattooed athletes?

너는 문신을 한 운동선수들에 대해 어떻게 생각하니?

What do you think of the Da Vinci Code?

당신은 〈다빈치 코드〉에 대해서 어떻게 생각하나요?

What do you think of international marriage?

너는 국제 결혼에 대해 어떻게 생각하니?

Street English

No comment.	**What's it called?**	**Please don't say no.**
말하지 않겠어요.	그거 뭐라고 하더라?	아니라고 제발 하지 마세요.
Guess what?	**That all depends.**	**Once in a blue moon.**
맞춰봐.	그거야 사정에 따라 다 다르지요.	아주 가끔요.
What is it?	**Tell me about it.**	**I need it yesterday.**
무슨 일이지요?	그것에 대해서 어디 말해 봐요. (알고 있어요.)	아주 급하게 필요해요.

● 기본 문장 72번을 응용하는 문장과 짧은 회화 문장을 공부한다.

⑦ 7-24 STORE

Is it all right if ~ ? : ~ 한다면 괜찮을까요?

Is it all right if I borrow your cell phone for a minute?
내가 잠시 동안 휴대전화를 빌려도 괜찮을까요?

Is it all right if I smoke?
만약 내가 담배를 펴도 괜찮나요?

Is it all right if I use your phone?
내가 당신의 전화를 잠시 사용해도 괜찮을까요?

Is it all right if I take this with me?
내가 이걸 가져가도 괜찮니?

Is it all right if I tell Tom about this?
이것에 대해 탐에게 말해도 괜찮니?

Is it all right if I go to the bathroom?
내가 화장실을 가도 될까요?

Is it all right if I invite her friends tonight?
오늘 밤 그녀의 친구들을 초대해도 괜찮니?

Is it all right if I leave you here for a while?
만약 내가 당신을 여기에 잠시 남겨두어도 괜찮나요?

Is it all right if I let the cat out this evening?
오늘 저녁 고양이를 밖에 내보내도 괜찮아?

Is it all right if I change my mind about school?
내가 학교에 대해서 마음을 바꾼다면 괜찮을까요?

Street English

No comment.
묵비권을 행사하겠어요.

Buzz me in.
문 좀 열어줘요.

Vice versa.
뒤집어 말해도 같은 뜻이다.

I don't buy that.
나는 그것을 믿지 않는다.

That should help.
그것이 도움이 될 것입니다.

That will be all.
그게 다예요.

Where are you going?
어디로 가시지요?

Who do you work for?
어디서 근무하시나요?

Where have you been?
어디에 갔었어요?

● 기본 문장 73번을 응용하는 문장과 짧은 회화 문장을 공부한다.

⑦ 7-24 STORE

That's why ~ : 그것이 ~한 이유입니다.

That's why he is still around here.

그것이 그가 아직 주변에 있는 이유입니다.

That's why I am here.

그것이 내가 여기 있는 이유이다.

That's why she is crying.

그것이 그녀가 울고 있는 이유이다.

That's why I like her so much.

그것이 내가 그녀를 많이 좋아하는 이유이다.

That's why he wanted to go to Spain.
그것이 그가 스페인에 가기를 원했던 이유야.

That's why I don't like him that much.
그것이 내가 그를 그다지 좋아하지 않는 이유야.

That's why I didn't pay the bill on time.
그것이 내가 제 때에 요금을 내지 않은 이유야.

That's why he is not working anymore.
그것이 그가 더 이상 일을 하지 않는 이유이다.

That's why I am studying hard these days.
그것이 내가 요즘 열심히 공부하고 있는 이유야.

That's why I wanted to break up with him.
그것이 내가 그와 헤어지기를 원했던 이유야.

Street English

No problem.	**Here's the thing.**	**Where were you born?**
문제도 아니네요.	그게 이렇단 말이야.	어디에서 태어났나요?
I am sorry.	**That's all right.**	**Better than nothing.**
미안해요.	그냥 됐어요	없는 것보다 낫지요.
Incredible.	**Just call me Michelle.**	**Let's call it a day.**
믿어지지 않아요.	그냥 미셸이라고 불러주세요.	오늘은 이것으로 마칩시다.

● 기본 문장 74번을 응용하는 문장과 짧은 회화 문장을 공부한다.

7-24 STORE

There is nothing to ~ : ~ 할 아무 것도 없다.

There was nothing to do.

할 일이 없었어요.

There is nothing like it.

이와 같은 것은 없다.

There is nothing to lose.

잃어버릴 것이 없다.

There is nothing to fear.

두려워할 것이 없다.

There is nothing new about it.
그것에 대해서 새로운 것이 없다.

There is nothing to worry about.
걱정할 어떤 것도 없다.

There is nothing to see over there.
거기에는 볼 만한 게 없다.

There is nothing to hide from you.
너에게서 숨길 것이 없다.

There is nothing to be ashamed of.
부끄러워할 어떤 것도 없다.

There is nothing wrong with this car.
이 차와는 아무 문제도 없어요.

Street English

Don't push!
밀지 말아요.

You got it.
바로 그거야.

No problem.
별것 아닙니다.

He lost his cool.
그는 냉정을 잃었지요.

He's goofing off.
그는 농땡이를 치고 있지요.

He is a pushover.
그는 식은 죽 먹기야.

Wow! That's awesome.
와! 대단하군요.

I completely forgot.
나는 완전히 잊어버렸네.

Stand still, please.
움직이지 말고 그대로 있어요.

● 기본 문장 75번을 응용하는 문장과 짧은 회화 문장을 공부한다.

⑦ 7-24 STORE

When ~ : ～할 때

When they asked his name, he refused to answer.

그들이 그의 이름을 물었을 때, 그는 답하기를 거절했지요.

When I was your age, I didn't play that much.

내가 너의 나이일 때 나는 그다지 놀지 않았다.

When I was in college, I met her for the first time.

내가 대학에 있을 때 나는 처음으로 그녀를 만났다.

When she was thirteen years old, she died of lung cancer.

그녀가 열세 살이었을 때 그녀는 폐암으로 죽었다.

When I heard that news, I knew that the gunman was Richard.

내가 그 뉴스를 들었을 때 나는 총을 쏜 사람이 리쳐드인 것을 알았다.

When I look back on my life, I realize that I am a pretty lucky guy.

내가 나의 삶을 되돌아 볼 때면 나는 내가 아주 운이 좋은 사람이라는 것을 깨닫는다.

When you come here, you have to sign this before you do anything.

당신이 여기 오면 당신이 어떤 것이든 하기 전에 여기에 사인부터 해야만 한다.

When he was two years old, his father moved to Boston to continue his education.

그가 두 살이었을 때 그의 아버지는 그의 교육을 위해 보스톤으로 이사했다.

When he was 19 years old, he joined the army because he didn't want to go to school anymore.

그가 19살이었을 때 그는 학교에 다니기를 원하지 않았기 때문에 육군에 입대했다.

When he was 27, he married Julie and decided to move to Florida with her.

그가 27살이었을 때 그는 줄리와 결혼했고 그녀와 함께 플로리다로 이사할 것을 결정했다.

Street English

Is it live?	**He is a bookworm.**	**Don't make me laugh.**
생방송입니까?	그는 책벌레입니다.	웃기지 말아요.
No kidding.	**Can I renew them?**	**Now you are talking.**
설마 농담이겠지.	내가 그들을 갱생할 수 있을까요?	이제야 바른 말씀을 하시는군요.
Never mind.	**I get that a lot.**	**It's a 2 year lease.**
신경 쓰지 않아도 돼요.	그런 소리 자주 들어요.	이것은 2년 짜리 임대입니다.

● 기본 문장 76번을 응용하는 문장과 짧은 회화 문장을 공부한다.

No wonder ~ : ~ 하는 것은 당연하다.

No wonder he didn't want to give his name.

어쩐지 그가 그의 이름을 밝히기를 원치 않더라.

No wonder you are late.

당신이 늦은 것은 당연하다.

No wonder you flunked.

네가 낙제한 것은 당연하다.

No wonder she is so upset.

그녀가 화난 것은 당연하다.

2 단계

No wonder people steal music.
어쩐지 사람들이 음악을 도둑질하더라.

No wonder she is so generous.
그녀가 그렇게 관대한 건 당연하다.

No wonder she's so overweight.
그녀가 그렇게 과체중인 건 당연하다.

3 단계

No wonder Castro is still in power.
어쩐지 카스트로가 여전히 권력을 잡고 있더라.

No wonder Korean teens are depressed.
어쩐지 한국 청소년들이 의기소침하더라.

No wonder he got kicked out of school.
그가 퇴학당한 건 당연한 일이야.

Street English

Poor thing.
안 된 것.

From where?
어디로부터?

Yes and no.
네라고도 아니라고도
할 수 없네요.

I have to go now.
난 이만 가야 하겠습니다.

I am nearsighted.
나는 근시입니다.

It's a long shot.
이것은 장기전입니다.

Don't be a stranger.
좀 자주 만나자.

What's up with that?
저거 왜 저러지?

My name is Sam Park.
저는 샘 박입니다.

● 기본 문장 77번을 응용하는 문장과 짧은 회화 문장을 공부한다.

70 7-24 STORE

Which ~, A or B? : A와 B 중에 어느 것을 ~?

Which do you like better, the red one or the yellow one?

빨간 것과 노란 것 중에서 당신은 어느 것을 더 좋아하나요?

Which side are you on, A or B?

너는 어느 편이니, A니 B니?

Which team do you support, A or B?

당신은 어느 쪽을 지지하나요, A 또는 B?

Which do you prefer, Pepsi or Coke?

펩시와 코카콜라 중에서 당신은 어떤 것을 좋아하나요?

Which team are you rooting for, A or B?

당신은 어느 팀을 응원하나요, A 또는 B?

Which do you like better, cable or satellite?

케이블 방송과 위성방송 중에 당신은 어떤 것을 좋아합니까?

Which program do you enjoy more, A or B?

어떤 프로그램을 더 즐기니? A니 B니?

Which expression do you use more, A or B?

당신은 어떤 표현을 즐겨 사용하나요, A 또는 B?

Which do you prefer, positive or negative media?

긍정적인 미디어와 부정적인 미디어 중에 당신은 어떤 것을 좋아하나요?

Which is the fastest way to get to downtown, A or B?

어느 길이 시내로 가는 가장 빠른 길이니, A니 B니?

Street English

Until when?	**No hard feelings.**	**I feel the same way.**
언제까지예요?	기분 나쁘게 생각하지 말아요.	나도 같은 생각입니다.
I doubt it.	**(I am) Out of here.**	**Thank you very much.**
나는 의심이 가는데요.	나는 갑니다.	정말 고맙습니다.
This sucks!	**Say hello for me.**	**I'm so disappointed.**
이거 지겨워 죽겠어.	나 대신 안부 좀 전해주라.	나는 정말 실망했습니다.

● 기본 문장 78번을 응용하는 문장과 짧은 회화 문장을 공부한다.

 **7-24 STORE**

You are supposed to ~ : 당신은 ~ 하기로 되어 있다.

You are supposed to make the decisions around here.

당신은 여기에서 결정을 내려야 하는 사람이에요.

You are supposed to use that door.

너는 저 문을 사용하기로 되어 있다.

You are supposed to sleep for 8 hours.

너는 8 시간 동안 자기로 되어 있다.

You are supposed to follow all the traffic laws.

너는 모든 교통법규를 지키기로 되어 있다.

2 단계

You are supposed to be here at eight every day.

너는 매일 여기에 8시까지 오기로 되어 있다.

You are supposed to shut off all air conditioners.

너는 모든 에어컨을 끄기로 되어 있다.

You are supposed to listen to your customers' problems.

너는 너의 고객의 문제를 경청하기로 되어 있다.

3 단계

You are supposed to solve this research problem to pass the course.

너는 이 코스를 합격하기 위해서 이 연구문제를 해결해야 한다.

You are supposed to learn the basic language when you are a child.

네가 아이일 때 기본 언어를 배워야 한다.

You are supposed to talk in front of the class when you give a presentation.

너는 네가 발표할 때 클래스 앞에 나와서 이야기하기로 되어 있다.

Street English

It's on me.
이건 제가 쏘는 겁니다.

It's fatty.
이것은 기름기가 많아요.

It's lean.
이것은 기름기가 없어요.

Don't look at me.
나 쳐다보지 마. 나도 몰라.

I didn't mean it.
그럴 의도는 아니었어요.

I still love you.
나는 아직도 너를 사랑해.

You should dress up.
정장을 하고 와야 합니다.

May I interrupt you?
실례 좀 해도 될까요?

Would you like some?
어떤 걸 원하세요?

● 기본 문장 79번을 응용하는 문장과 짧은 회화 문장을 공부한다.

⑩ 7-24 STORE

What if~ : ~ 한다면 어떻게 될 것인가?

What if we use yellow tape instead?

우리가 노란색 테이프를 사용하면 어떨까?

What if the price goes up?

만약 가격이 오르면 어떻게 될까?

What if you cannot find me?

만일 네가 날 찾지 못하면 어떻게 되지?

What if he doesn't show up?

만일 그가 나타나지 않으면 어떻게 되지?

What if 9.11 never happened?

만일 9.11사태가 일어나지 않았더라면 어떻게 됐을까?

What if she changes her mind?

만약 그녀가 그녀의 마음을 바꾸면 어떻게 될까?

What if we are late for the last train?

만약 우리가 마지막 기차를 놓치면 어떻게 되지?

What if we can't get the money on time?

만약 우리가 제 때에 돈을 구할 수 없으면 어떻게 되지?

What if she doesn't want to go to a movie?

만일 그녀가 영화 보러 가길 원하지 않으면 어쩌지?

What if school finishes earlier than you think?

만일 학교가 네가 생각한 것보다 더 일찍 끝나면 어떻게 할래?

Street English

It's stale.
이것은 상했어요.

It's bland.
이것은 싱거워요.

It's salty.
이것은 짜요.

I was humiliated.
나는 모욕당했어.

I am a film buff.
나는 영화광입니다.

I'm a hot potato.
나는 말썽꾸러기야.

Nice talking to you.
좋은 대화였어요.

That's a great idea.
좋은 생각입니다.

What time is it now?
지금 몇 시지요?

● 기본 문장 80번을 응용하는 문장과 짧은 회화 문장을 공부한다.

I didn't realize that until ~ : 나는 ~ 할 때까지 그것을 인식하지 못했다.

She didn't realize what she was talking about until the teacher asked the question.

그녀는 선생님이 그 질문을 할 때까지 그녀가 무엇에 대해서 말하는지를 몰랐어요.

I didn't realize I was a beautiful girl until I met you.

나는 너를 만날 때까지 내가 예쁜 소녀라는 것을 몰랐다.

I didn't realize that you took this course a year ago.

나는 네가 1년 전에 이 과목을 선택했었다는 것을 몰랐다.

I didn't realize my boss was there until John kicked me.

나는 존이 나를 찰 때까지 나의 사장이 거기 있었다는 것을 알지 못했다.

I didn't realize he was recording until I said something.
나는 내가 뭔가를 말할 때까지 그가 녹음하고 있다는 사실을 몰랐다.

I didn't realize how much you meant to me until you left me.
나는 네가 나를 떠날 때까지 네가 얼마나 나에게 의미가 있는지를 몰랐다.

I didn't realize that it was so cold until I stepped out of my car.
나는 차 밖으로 나가고서야 그렇게 춥다는 걸 깨달았다.

I didn't realize how dangerous we were until he showed me the picture.
나는 그가 내게 그 사진을 보여줄 때까지 우리가 얼마나 위험했는지를 깨닫지 못했다.

I didn't realize I was wrong until the teacher explained the theory to me.
나는 선생님이 그 이론에 대해 설명해주기 전까지 내가 틀렸다는 것을 몰랐다.

I didn't realize that I had lost my wallet until I tried to pay for the sandwich.
나는 샌드위치를 계산하려고 할 때까지 지갑을 잃어버린 걸 깨닫지 못했다.

Street English

Life sucks!
인생이 따분해.

How's work?
일은 어때요?

Let me see.
자 어떻게 된 건지 보자.

My leg is asleep.
나의 다리가 저려요.

I'm loaded today.
난 오늘 주머니가 두둑해.

My back is itchy.
내 등이 가려워.

You are so childish.
너 진짜 유치하구나.

Out of the question.
질문의 여지가 없지요.

Thanks for the ride.
차를 태워줘서 고마워요.

● 기본 문장 81번을 응용하는 문장과 짧은 회화 문장을 공부한다.

I don't know why~ : 나는 왜 ～인지를 모른다.

I don't know why you say that.

나는 왜 당신이 그것을 말하는지 모르겠네요.

I don't know why I wanted that.

나는 왜 내가 그것을 원했는지 모르겠다.

I don't know why I said that.

나는 왜 네가 그것을 말했는지 모르겠다.

I don't know why you love me.

나는 왜 네가 나를 사랑하는지 모르겠다.

I don't know why the sky is so blue.

나는 왜 하늘이 파란지 모른다.

I don't know why you said goodbye.

나는 왜 네가 작별 인사를 하는지 모르겠다.

I don't know why I am so tired today.

나는 왜 내가 오늘 이처럼 피곤한지 모르겠다.

I don't know why I feel at home here.

나는 왜 내가 여기에서 집처럼 편함을 느끼는지 모르겠다.

I don't know why people don't believe this.

나는 왜 사람들이 이것을 믿지 않는지 모르겠다.

I don't know why my feelings are so strong.

나는 왜 나의 감정이 그렇게 강렬한지 모르겠다.

Street English

Doing okay?	**I'll be in touch.**	**Cheese isn't for me.**
잘하고 있어요?	내가 연락할게.	치즈는 저에게는 맞지 않아요.
Absolutely.	**You are so cheap.**	**I have a runny nose.**
전적으로 그렇지요.	너 정말 치사하다.	나는 콧물이 나요.
Be patient.	**You went too far.**	**I'll give it a shot.**
좀 참으세요.	너는 너무 지나쳤어.	한 번 해볼게요.

● 기본 문장 82번을 응용하는 문장과 짧은 회화 문장을 공부한다.

All you have to do is ~ : 당신이 해야 할 모든 것은 ~이다.

All you have to do is fill out this application form.

당신이 해야 할 모든 것은 이 신청서를 기입하는 게 다입니다.

All you have to do is ask.

네가 해야 하는 모든 것은 요구하는 것뿐이다.

All you have to do is listen.

네가 해야 할 모든 것은 경청하는 것뿐이다.

All you have to do is dream.

당신이 해야 할 모든 것은 꿈을 꾸는 것이다.

All you have to do is sign here.
당신이 해야 할 모든 것은 여기에 사인하는 것입니다.

All you have to do is believe him.
당신이 해야 할 모든 것은 그를 믿는 것이다.

All you have to do is make a profit.
네가 해야 할 모든 것은 이익을 남기는 것뿐이다.

All you have to do is act naturally.
네가 해야 할 모든 것은 자연스럽게 행동하는 것뿐이다.

All you have to do is drive this car.
네가 해야 할 모든 것은 이 차를 운전하는 것뿐이다.

All you have to do is answer two questions.
네가 해야 할 모든 것은 두 개의 질문에 답하는 것뿐이다.

Street English

Hang loose.	**Are you full now?**	**I've given the sack.**
좀 편히 쉬어요.	너는 지금 배 부르니?	나는 해고당했어.
Pick it up!	**I'm very excited.**	**Someone on the line.**
그것을 줏어요.	진짜 너무 흥분돼요.	다른 분이 전화 상에 있네요. (혼선.)
I'm for it.	**You are pathetic!**	**You'll pay for this.**
나는 그것에 찬성입니다.	너는 불쌍하구나.	너는 이것에 대해 후회하게 될 거야.

● 기본 문장 83번을 응용하는 문장과 짧은 회화 문장을 공부한다.

80 EDUCATION

Whatever ~ : 무엇이든지 ~

Whatever you decide to do doesn't make any difference to me.

당신이 무엇을 하기로 결정하든 나에게 어떤 차이를 만들지는 않습니다.

Whatever you do, do it now.

네가 무엇을 하든 지금 당장에 그것을 해라.

Whatever you fear, you must face.

네가 무엇을 두려워하든 너는 거기에 직면해야 한다.

Whatever you're thinking, go do it.

네가 무엇을 생각하고 있든지 간에 가서 그것을 해라.

Whatever you do, don't rock the boat.

네가 무엇을 하든지 잘 되고 있는 것을 망치게 하지 마라.

Whatever you do, do not press the red button.

네가 무엇을 하든 그 빨간 단추를 누르지 마라.

Whatever you do is very important at this time.

당신이 하는 무엇이든 이 시점에서 매우 중요합니다.

Whatever you may say, he will not believe you.

네가 무엇을 말하든지 간에 그는 너를 믿지 않을 것이다.

Whatever you hold in your mind will tend to occur in your life.

당신의 마음 속에 있는 무엇이든 당신의 인생에서 일어나는 경향이 있다.

Whatever you say about me, just be sure you spell my name right.

네가 나에 대해서 무엇을 말하든지 간에, 내 이름의 철자를 바르게 쓰는 것만은 확실히 해라.

Street English

Say cheese!	**Not on your life.**	**What about vacation?**
치즈라고 말하세요.	네 인생에는 그런 일이 없을 걸.	휴가는 어떻게 됩니까?
Up to here.	**Can you blame me?**	**I have a slight cold.**
폭발 일보직전이다	네가 나를 욕할 수 있나?	감기 기운이 좀 있는 거 같아요.
We're even.	**You asked for it.**	**What do you do there?**
피장파장이다.	네가 원했던 거잖아.	거기서 무엇을 하시지요?

● 기본 문장 84번을 응용하는 문장과 짧은 회화 문장을 공부한다.

That makes ~ : 그것이 ~ 하게 만들다.

Both of them liked her, and that made Peter worried.

그 둘 모두가 그녀를 좋아했고 그것이 피터를 걱정하게 만들었다.

That makes sense.

그것은 이해가 되네.

That makes us even.

그것은 우리를 동등하게 만듭니다.

That makes me sick.

그것은 나를 짜증나게 만들어요.

That makes two of us.

그것은 우리를 같은 처지로 만든다.

That makes me angry.

그것이 나를 화나게 만든다.

That makes me feel bad.

그것이 나를 기분 나쁘게 만든다.

That makes me not want to talk to her.

그것이 그녀에게 말하고 싶지 않게 만든다.

That makes me think I can't trust him.

그것이 내가 그를 믿을 수 없게 생각하게 만든다.

It makes me happy to know that she is safe.

그녀가 안전하다는 것을 아는 것이 나를 행복하게 만든다.

Street English

I am upset.	**No pain, no gain.**	**Business is business.**
나는 화가 납니다.	노력이 없으면 결과도 없지요.	공적인 것은 공적인 거야.
Sure thing.	**What's the catch?**	**I'm through with him.**
확실한 것이지요.	뭘 노리는 거지?	그 사람과는 이제 끝장이야.
Definitely.	**Who won the game?**	**I can live with that.**
확실히 그렇지요.	누가 이겼습니까?	그 정도는 사는 데 문제없어.

● 기본 문장 85번을 응용하는 문장과 짧은 회화 문장을 공부한다.

No matter how ~ : 아무리 ~ 한다 해도

No matter how hard I study, I can't seem to do any better.

내가 아무리 열심히 공부한다 해도, 더 잘 할 수 없는 것처럼 보여요.

No matter how fine you slice it, it's still pizza.

네가 아무리 피자를 잘 자른다 해도, 그것은 여전히 피자일 뿐이다.

No matter where you are, I will always love you.

네가 어디 있더라도, 나는 항상 너를 사랑한다.

No matter what I say, he doesn't listen.

내가 무엇을 말하든 간에, 그는 들으려고 하지 않는다.

No matter what you are, I will always be with you.

네가 어떻더라도, 나는 항상 너와 함께 있을 것이다.

No matter what you say, we are still going to do that.

네가 무슨 말을 하든지, 우리는 여전히 그걸 할 거야.

No matter how hard things get, you should never quit.

아무리 일이 어렵다 해도, 너는 절대로 그만두어서는 안 된다.

No matter what happens to us, I'll always be with you.

우리 사이에 무엇이 일어나든지 간에, 나는 항상 너와 함께 할 것이다.

No matter how long it takes, I'll do my best to make it work.

시간이 얼마나 걸리든, 나는 그것을 완성하는 데 최선을 다할 것이다.

No matter how busy you are, you cannot afford to miss the physical exam.

네가 아무리 바쁘더라도, 너는 신체검사를 빠져서는 안 된다.

Street English

It's tough.	**Did somebody die?**	**Will he be all right?**
힘드네요.	누가 죽기라도 했어요?	그가 괜찮을까요?
Believe me.	**Go with the flow.**	**He pulled that again.**
나를 믿으세요.	다른 사람 하는대로 그냥 해.	그가 또 꾀를 부렸네요.
Where am I?	**You are too much.**	**Wrap them separately.**
내가 어디에 있지요?	당신 너무 하군요.	그것들을 따로 따로 포장해주세요.

● 기본 문장 86번을 응용하는 문장과 짧은 회화 문장을 공부한다.

I wouldn't say that ~ : 나는 ~라고는 말하지 않겠다.

I wouldn't say that Peter's friend is much better than he is.

나는 피터의 친구가 그보다 훨씬 낫다고는 말하지 않을게요.

I wouldn't say that she's ugly.

나는 그녀가 추녀라고 말하지는 않겠다.

I wouldn't say that I'm good at it.

나는 내가 그것을 잘한다고는 말하지 않겠다.

I wouldn't say that I am always right.

나는 내가 항상 옳다고 말하지는 않겠다.

I wouldn't say that I suffer from acne.

나는 내가 여드름 때문에 고통을 받는다고 말하지는 않겠다.

I wouldn't say that they were nervous.

나는 그들이 불안해한다고 말하지는 않겠다.

I wouldn't say that proposal is perfect.

나는 그 제안이 완전하다고 말하지는 않겠다.

I wouldn't say that they abused the system.

나는 그들이 그 시스템을 악용했다고 말하지 않겠다.

I wouldn't say that the story is about religion.

나는 그 이야기가 종교에 관한 것이라고는 말하지 않겠다.

I wouldn't say that I am a professional reader.

나는 내가 전문적인 독서가라고는 말하지 않겠다.

Street English

Ready to go?	**Good luck to you!**	**Don't worry about it.**
갈 준비가 되었나요?	당신에게 행운을 빕니다.	그것에 대해서 걱정하지 마세요.
Who's there?	**You are so sweet.**	**I can't afford that.**
거기 누구죠?	당신은 상냥하군요.	그것을 할 수 있는 여유가 없어요.
Let's toast!	**Your fly is open.**	**She has a hot temper.**
자, 건배합시다.	당신의 남대문이 열려 있어요.	그녀는 성질이 불같아요.

● 기본 문장 87번을 응용하는 문장과 짧은 회화 문장을 공부한다.

If ~ : ~ 한다면

If it rains, I am not going out with you.

만약 비가 온다면 나는 너와 나가지 않을 거야.

If he is honest, I will hire him.

만일 그가 정직하다면, 나는 그를 고용하겠다.

If I were you, I wouldn't go there.

만일 내가 너라면, 나는 그곳에 가지 않겠다.

If I were you, I wouldn't do that for money.

만일 내가 너라면, 나는 돈을 위해서 그것을 하지는 않겠다.

If you ask me, I think he is a very nice guy.

네가 나에게 묻는다면, 나는 그가 매우 좋은 사람이라고 생각한다.

If we say no, they don't have to come here.

만일 우리가 아니라고 말한다면, 그들은 여기에 올 필요가 없다.

If you don't mind, I'd like to talk to my lawyer.

네가 꺼려하지 않는다면, 나는 나의 변호사와 이야기하고 싶다.

If she comes here, I will tell her what happened.

만일 그녀가 여기에 온다면, 나는 그녀에게 무엇이 일어났는지를 말할 것이다.

If I were you, I wouldn't report your dog missing.

만일 내가 너라면, 나는 너의 개가 없어졌다는 것을 보고하지 않겠다.

If they don't come soon, we will have to cancel the meeting.

만일 그들이 여기에 곧 오지 않는다면, 우리는 회의를 취소해야만 할 것이다.

Street English

It can wait.	**What's your name?**	**He gets on my nerves.**
그것은 급한 건 아냐.	당신의 이름은 무엇이지요?	그가 내 성질을 건드렸어.
That's life.	**Charge it please.**	**He's on another call.**
그게 인생이라구.	신용카드로 결제할게요.	그는 다른 전화를 받고 있어요.
Is that all?	**It's no big deal.**	**He has a sweet tooth.**
그게 전부에요?	이것은 그리 대단한 일이 아녜요.	그는 단 것을 좋아해요.

● 기본 문장 88번을 응용하는 문장과 짧은 회화 문장을 공부한다.

Even if~ : ~ 한다 해도

Even if it rains, I will still go out with you.

비가 온다 해도, 나는 여전히 너와 함께 나갈 거야.

1 단계

Even if I told him not to go, he would go anyway.

내가 그에게 가지 말라고 했어도, 그는 어쨌든 갔을 것이다.

Even if you try to bribe me, I won't be able to do it.

네가 나를 매수하려 해도, 나는 그것을 할 수 없을 것이다.

Even if I could go, I wouldn't because I'm really tired.

내가 갈 수 있었을지라도, 나는 너무 피곤하기 때문에 가지 않을 것이다.

Even if we rush, we are still going to miss the tour bus.

우리가 서두른다 해도 우리는 여전히 관광버스를 놓치게 될 거다.

Even if I work overtime, I don't think I can finish on time.

내가 시간 외 근무를 하더라도 제 시간에 일을 끝낼 수 있다고는 생각 안 해.

Even if you offer to pay me double, I cannot work this Sunday.

당신이 내게 두 배의 급여를 준다고 해도, 난 이번 일요일에는 일할 수 없습니다.

Even if I pay him the ransom money, I don't think he will let my son go.

그에게 몸값을 주더라도, 나는 그가 나의 아들을 풀어줄 것이라고 생각하지 않아.

Even if I go to Canada this summer, I don't think I'll be able to improve my English.

이번 여름에 캐나다에 가더라도, 나는 나의 영어가 늘 수 있을 거라고 생각하지 않아.

Even if we worked two jobs for 7 days a week, we wouldn't be able to make ends meet.

우리가 일주일에 7일 동안 두 개의 일을 했더라도, 우리는 수지 균형을 맞출 수가 없었을 것이다.

Street English

He has guts.
그는 배짱이 있다.

It's a deal.
그렇게 하기로 하지요.

Be my guest.
그렇게 하세요.

I need your help.
나는 너의 도움이 필요해요.

That sounds good.
그거 듣기에 좋군요

Nice meeting you.
당신을 만나서 반가워요.

He swims like a fish.
그는 수영을 아주 잘합니다.

He eats like a horse.
그는 식욕이 왕성합니다

He's really mean guy.
그는 정말 고약한 사람입니다.

● 기본 문장 89번을 응용하는 문장과 짧은 회화 문장을 공부한다.

While ~ : ~ 하는 반면에

While you may have a point there, I don't think there is anything to worry about.

네가 그 점을 우려하는 반면에 나는 거기에 대해 별로 걱정할 것이 없다고 생각한다.

While I don't want to offend you, I think it is too expensive.

내가 당신을 화나게 하고 싶진 않지만, 난 그게 너무 비싸다고 생각해요.

While you may understand marketing, there are others who don't.

너는 마케팅을 이해할지 모르지만, 그렇지 못하는 사람도 있다.

While you may feel close to her, you have never met her face-to-face.

네가 그녀를 가깝게 느낄지도 모르지만, 너는 그녀를 얼굴을 맞대고 만난 적이 없다.

While you may not consider the remote an accessory, Toshiba does.
너는 리모콘이 액세서리라고 생각하지 않을지 몰라도, 도시바는 그렇게 생각한다.

While I was very skeptical, my wife was sure it would bring us good luck.
난 매우 회의적이었지만, 내 아내는 우리에게 행운이 찾아올 거라고 확신했어.

While you may continue most activities during therapy, do not over do it.
네가 치료요법을 받는 동안에 대부분의 활동을 계속 할 수는 있지만, 너무 지나치게 하지는 말아라.

While it seems like I am a happy person, you may be surprised to learn that I am not.
내가 대부분의 시간 행복해 보이는 것처럼 보이지만, 너는 내가 그렇지 않다는 것을 배운다면 놀랄 것이다.

While you may be able to file for an extension, be sure to plan for tax time in advance.
너는 연장을 신청할 수 있지만, 미리 세금 정산을 준비하는 것을 확실하게 해야 한다.

While it is your right not to have surgery, I must warn you that it will hurt you more in the long run if you don't.
수술을 받지 않는 건 당신 권리이지만, 난 당신 의사로서 당신이 수술하지 않으면 결국 오래도록 아플 거라고 경고해야 합니다.

Street English

Fair enough. 그렇다면 좋아.	**Nice to meet you.** 당신을 만나서 반갑습니다.	**Let's go all the way!** 자, 그래 끝까지 가보자.
Break it up. 그만 싸워요.	**This is terrible.** 이것은 맛이 형편없습니다.	**That will be the day.** 그렇게 되면 오죽 좋겠어요.
I'm stunned. 정말 기가 막히는군요.	**What if I say no?** 만일 내가 'NO'라고 하면 어떻게 되지요?	**He is in meeting now.** 그분은 지금 회의중입니다.

● 기본 문장 90번을 응용하는 문장과 짧은 회화 문장을 공부한다.

⑨⓪ THE NILE RIVER

In case ~ : ~ 한 경우에

In case you haven't heard, John became one of the best managers in the company.

네가 듣지 못한 경우를 위해서 말하면, 존은 그 회사의 가장 우수한 관리자 중에 한 사람이 되었다.

In case you haven't heard, John needs your help.

네가 듣지 못한 경우를 위해서 말하면, 존은 너의 도움이 필요하다.

In case you haven't heard, Richard is not with us anymore.

네가 듣지 못한 경우를 위해서 말하면, 리처드는 더 이상 우리와 함께 있지 않는다.

In case you haven't heard, the final exam will be take-home.

네가 듣지 못한 경우를 위해서 말하면, 학기말 고사는 집에서 보는 시험이 될 것이다.

In case you haven't heard, John survived from the accident.
네가 듣지 못한 경우를 위해서 말하면, 존은 그 사고에서 살아남았다.

In case you haven't heard, Richard died of cancer last year.
네가 듣지 못한 경우를 위해서 말하면, 리처드는 지난해 암으로 죽었다.

In case you haven't heard, we won the championship game.
네가 듣지 못한 경우를 위해서 말하면, 우리는 챔피언 게임에서 승리했다.

In case you haven't heard, I am moving to Boston next week.
네가 듣지 못한 경우를 위해서 말하면, 나는 다음 주에 보스턴으로 이사한다.

In case you haven't heard, the ABC store will be closed tomorrow.
네가 듣지 못한 경우를 위해서 말하면, ABC 가게는 내일 문을 닫을 것이다.

In case you haven't heard, John is going to get married next month.
네가 듣지 못한 경우를 위해서 말하면, 존은 다음 달에 결혼하게 될 것이다.

Street English

I feel blue.
기분이 좋지 않아.

I am single.
나는 미혼입니다.

I've had it.
나는 질렸어.

Very interesting.
매우 흥미있네요.

Don't be foolish.
멍청하게 굴지 말아요.

How's everything?
모든 게 어때요?

Let's pick his brain.
자, 그의 지혜를 빌리자.

It's a twist of fate.
기구한 운명이에요.

When is the deadline?
마감이 언제입니까?

● 기본 문장 91번을 응용하는 문장과 짧은 회화 문장을 공부한다.

⑨⓪ THE NILE RIVER

He was so A that ~ : 그는 너무 A 해서 ~했다.

He was so excited that he bought everybody a drink.

그는 너무 흥분한 나머지 모든 사람들에게 한잔 샀다.

I was so upset that I couldn't talk to him.

난 너무 화가 나서 그에게 말을 할 수가 없었다.

I was so excited that it didn't bother me at all.

나는 너무 흥분되었기 때문에 그것이 나를 괴롭히지 못했다.

I was so annoyed that I wanted to smack him.

나는 너무 약이 올라서 그를 때리고 싶었다.

2단계

I was so stressed yesterday that I ate 8 cookies.

나는 어제 너무 중압감을 느꼈기 때문에 8개의 과자를 먹고 말았다.

I was so miserable at that time that I wanted to die.

나는 그 당시에 너무 비참했기 때문에 죽기를 바랄 정도였다.

I was so angry yesterday that I called the manager.

나는 어제 너무 화가 나서 관리자에게 전화했다.

3단계

I was so happy last night that I drank a bottle of wine.

어제 저녁 나는 너무 행복해서 와인 한 병을 마셨다.

I was so thrilled that I told everybody that they could go home.

난 너무 오싹해서 모든 사람들에게 그들이 집에 갈 수 있다고 말했다.

I was so tired that I almost fell asleep at the wheel on my way home.

난 너무 피곤해서 집에 오는 길에 차에서 거의 잠에 빠졌다.

Street English

It beats me.
난 모르겠는데.

It is muggy.
날이 찌부둥하네.

Hear me out.
내 말을 끝까지 들어.

I'm a little shy.
목표치보다 좀 모자라는데요.

What's it to you?
무슨 관계냐?

What do you mean?
무슨 의미지요?

Don't miss the boat.
기회를 놓치지 마세요.

Let's split the bill.
나누어서 내지요.

I had a crush on her.
그녀에게 사랑을 느꼈어요.

● 기본 문장 92번을 응용하는 문장과 짧은 회화 문장을 공부한다.

⑨ THE NILE RIVER

You'd better ~ : 당신은 ~ 하는 편이 낫다.
You'd better realize that there is no other way.
너는 다른 방법이 없다는 것을 깨닫는 게 좋겠다.

You'd better hurry.
너는 서두르는 것이 좋겠다.

You'd better prove it.
너는 그것을 증명하는 편이 좋겠다.

You'd better believe it.
너는 이것을 믿는 게 좋겠다.

You'd better watch out.
너는 조심하는 게 좋겠다.

You'd better shop around.
너는 주변의 상점을 돌아보는 것이 좋겠다.

You'd better listen to the law.
너는 법에 귀를 기울이는 것이 좋겠다.

You'd better get it right next time.
너는 다음 번에는 맞게 계산했으면 좋겠다.

You'd better get used to our ways.
너는 우리들의 방법에 익숙해지는 게 좋겠다.

You'd better back up that hard drive.
너는 하드 디스크를 백업 하는 게 좋겠다.

Street English

I was lucky.
내가 행운이었지요.

I know what!
내게 좋은 아이디어가 있어.

Want to bet?
내기 할래?

Whatever you say.
뭐라고 말씀하시든지요.

Anything you say.
뭐라고 말하든지요.

What did you say?
뭐라고 말하실래요?

I am crazy about her.
나는 그녀에게 푹 빠졌어요.

I feel sorry for him.
나는 그를 불쌍하게 느낀다.

I've had it with him.
나는 그에게 진절머리가 나.

● 기본 문장 93번을 응용하는 문장과 짧은 회화 문장을 공부한다.

⑨ THE NILE RIVER

Would it be A to ~? : ~ 하는 것이 A 할까요?

Would it be possible for you to tell us how he is doing?

그가 어떻게 지내는지 당신이 우리에게 말해줄 수 있나요?

Would it be possible to talk on the matter?

그 문제에 대해서 이야기하는 것이 가능할까요?

Would it be all right if I used your computer?

내가 당신의 컴퓨터를 사용해도 될까요?

Would it be all right to take a day off tomorrow?

내일 하루 쉬는 거 괜찮나요?

Would it be possible for us to go there together?

우리가 함께 거기 가는 것이 가능할까요?

Would it be all right for us to stop by to say hello?

우리가 인사하러 들려도 될까요?

Would it be risky to buy a computer from internet?

인터넷에서 컴퓨터를 사는 게 위험한가요?

Would it be possible for us to stay here one more day?

우리가 하루 더 여기 머무는 것이 가능할까요?

Would it be good for me to study abroad for a semester?

내가 한 학기를 외국에서 공부하는 것이 좋을까?

Would it be all right for us to use your office next week?

우리가 다음 주에 당신의 사무실을 사용해도 괜찮을까요?

Street English

You hear me?
너 내 말 알아들어?

You beat me.
네가 이겼어.

I'm serious.
농담이 아니야.

Whatever you say.
뭐라고 하시든지요.

Stop complaining.
불평 좀 그만 하시지요.

I can't complain.
불평할 수가 없지요.

I am poor at singing.
나는 노래를 잘 못해요.

I have a sweet tooth.
나는 단 것을 좋아해요.

I enjoy your company.
나는 당신이 동반해주어서
즐겁습니다.

● 기본 문장 94번을 응용하는 문장과 짧은 회화 문장을 공부한다.

⑨ THE NILE RIVER

I would appreciate it if ~ : 나는 만일 ～이라면 고마워하겠다.

I would appreciate it if you share this with your friends.

나는 당신이 당신의 친구들과 이것을 공유한다면 고맙겠다.

I would appreciate it if somebody could help me.

나는 어떤 사람이 나를 도와줄 수 있다면 고맙겠다.

I would appreciate it if you would visit my homepage.

나는 너희들이 나의 홈페이지를 방문해준다면 고맙겠다.

I would appreciate it if you could send me the price list.

나는 네가 가격표를 보내줄 수 있다면 고맙겠다.

I would appreciate it if you could reply my question early.

나는 네가 나의 앞선 질문에 답을 해줄 수 있다면 고맙겠다.

I would appreciate it if you could send me a copy of the report.

나는 네가 그 보고서의 복사본을 나에게 보내줄 수 있다면 고맙겠다.

I would appreciate it if you can tell me what time you can come.

나는 네가 몇 시에 올 수 있는지를 말해줄 수 있다면 고맙겠다.

I would appreciate it if someone would help me with this question.

나는 어떤 사람이 이 질문에 대해서 나에게 도움을 준다면 고맙겠다.

I would appreciate it if you would hang around until John comes back.

나는 네가 존이 되돌아올 때까지 곁에 있어주면 고맙겠다.

I would appreciate it if you could explain why you shouldn't have your blood test.

나는 네가 왜 혈액 테스트를 하지 않아도 되는지를 설명해줄 수 있으면 고맙겠다.

Street English

Same to you.
당신도요.

Don't panic!
당황하지 마.

Say no more.
더 이상 말하지 마.

My urine is dark.
소변 색이 짙은 것 같아요.

I got a hangover.
숙취가 있다.

Play for a drink.
술 내기 하자.

I have lost my voice.
나는 목이 쉬었어요.

I have a sore throat.
나는 목이 아파요.

I have my hands full.
나는 바빠요.

● 기본 문장 95번을 응용하는 문장과 짧은 회화 문장을 공부한다.

⑨ THE NILE RIVER

What makes you ~ ? : 무엇이 너를 ~하게 하는가?

What makes you think it is so expensive?

무엇이 당신으로 하여금 이게 그렇게 비싸다고 생각하게 합니까?

What makes you so mad?

뭐가 너를 그렇게 화나게 만드니?

What makes you say that?

무엇이 당신을 그렇게 말하게 만드나요?

What makes you so smart?

뭐가 널 그렇게 똑똑하게 만드니?

2 단계

What makes the world go around?

무엇이 지구가 돌도록 하는 거지?

What makes you so sure about that?

무엇이 당신이 그것에 관해 그렇게 확신하게 만드나요?

What makes you dizzy when you spin?

당신이 빙글빙글 돌 때 뭐가 어지럽게 합니까?

3 단계

What makes you so happy all the time?

무엇이 당신을 항상 그렇게 행복하게 만드나요?

What makes you such a strong person?

무엇이 널 그렇게 강한 사람으로 만들었니?

What makes you think I'm younger than you?

무엇이 내가 너보다 어리다고 생각하게 만드니?

Street English

Money talks!	**I'm between jobs.**	**I have a stomachache.**
돈이 만사형통이지.	쉬고 있어요.	나는 복통이 있어요.
I nailed it.	**Sort the garbage.**	**I am a heavy drinker.**
드디어 해냈다.	쓰레기를 분리수거 하세요.	나는 술고래입니다.
Sounds good.	**That explains it.**	**I am a light drinker.**
듣기에 좋군요.	아, 그래서 그랬군요.	나는 술을 잘 안 합니다.

● 기본 문장 96번을 응용하는 문장과 짧은 회화 문장을 공부한다.

⑨ THE NILE RIVER

I am afraid that~ : 유감스럽게도 ~이다.

I am afraid that every one of you must leave this place at once.

유감스럽게도 여러분 모두 당장 이곳을 떠나야 합니다.

1 단계

I'm afraid that I can't answer that.

나는 그것에 대답할 수 없어서 유감이다.

I am afraid that you'll lose your freedom.

유감스럽게도 너는 너의 자유를 잃을 것이다.

I am afraid I don't have much time now.

유감스럽게도 나는 지금 시간이 많이 없습니다.

I am afraid that terrorists will get smarter.

유감스럽게도 테러리스트들은 점점 더 똑똑해질 것이다.

I am afraid that we have a budget problem.

유감스럽게도 우리는 예산 문제를 가지고 있다.

I am afraid that you cannot go there this time.

유감스럽게도 당신은 이번에 그곳에 갈 수 없습니다.

I am afraid that neither of you will be able to solve this problem.

나는 너희 중 누구도 이 문제를 해결할 수 없을 것이라는 점이 유감스럽다.

I'm afraid that we are unable to process your request at this time.

나는 우리가 이 시점에서 너의 요구를 처리할 수 없어서 유감이다.

I'm afraid that you'll have to take a seat and wait in the lobby.

유감스럽게도 당신은 로비에 앉아서 기다려야겠네요.

Street English

You lost me.	**Don't flatter me.**	**I am short of breath.**
말을 놓쳤어요.	아부하지 마.	나는 숨이 차요.
You said it.	**This is not much.**	**I like action movies.**
맞아요.	약소합니다	나는 액션 영화를 좋아합니다.
What's next?	**What do you know?**	**I am a light sleeper.**
다음은 뭐야?	어? 너 뭐 아니? (예상 밖임)	나는 잠을 잘 못 잡니다.

● 기본 문장 97번을 응용하는 문장과 짧은 회화 문장을 공부한다.

⑩ THE NILE RIVER

The more A~, the more B~ : A하면 할수록 B하다

Mr. Abdullah said, "The more I think about it, the more frustrated I get."

압둘라 씨는 "나는 생각하면 할수록 더 짜증이 나요"라고 말했다.

The more he drank, the more talkative he got.

그가 더 마실수록 그는 더 수다스러워진다.

The closer we got, the more we loved each other.

우리가 더 가까워질수록, 우리는 서로 더 사랑했다.

The more I think about this film, the more I like it.

내가 그 영화에 대해서 생각하면 할수록, 나는 그것이 좋아졌다.

The more we stand here, the more time we waste.

우리가 여기 오래 서있으면 있을수록 우리는 시간을 더 낭비하는 것이다.

The more you talk about it, the more nervous he'll get.

네가 그것에 대해 말하면 말할수록 그는 더 초조해질 것이다.

The more you think about it, the more confused you'll get.

나는 당신이 그것에 관해 더 생각할수록 당신이 더 혼란스러워질 것이라 생각한다.

The more we talked, the more we got to know each other.

우리가 말하면 말할수록 우리는 서로에 대해 더 많이 알게 된다.

The more you think about it, the more confused you'll get.

네가 그것에 대해 더 많이 생각하면 할수록 너는 더 혼동스러워질 것이다.

The more time we spend talking about it, the less time we have to get there.

우리가 그것에 관해 이야기하는 데 시간을 소비하면 할수록, 거기에 도착하는 데 시간이 더 부족해진다.

Street English

You name it.
뭐든지 말만 해요.

It is windy.
바람이 부네.

Not exactly.
반드시 그런 것은 아닌데요.

What's happening?
어떻게 지내요?

I can't help it.
어쩔 수 없어요.

I'm here for you.
여기 내가 있잖아.

I'm out of a job now.
나는 지금 실업자야.

I have a stuffy nose.
나는 코가 막혔어요.

I like popular songs.
나는 팝송을 좋아합니다.

● 기본 문장 98번을 응용하는 문장과 짧은 회화 문장을 공부한다.

⑨ THE NILE RIVER

It appears that ~ : ~ 인 것처럼 보인다.

It appears that they are not doing their job at all.

그들은 그들의 일을 전혀 하지 않는 것처럼 보인다.

1 단계

It appears that he's survived.

그는 살아남은 것처럼 보인다.

It appears that John is in serious trouble.

존은 심각한 문제를 겪은 것처럼 보인다.

It appears that John's grandpa has died.

존의 할아버지가 죽은 것으로 보인다.

2단계

It appears that I am not going to get the job.

나는 그 직업을 갖지 못할 것으로 보인다.

It appears that a crime has been committed.

범죄가 일어난 것처럼 보인다.

It appears that someone may have hacked into my email.

어떤 사람이 나의 이메일 계정에 침입했던 것처럼 보인다.

3단계

It appears that the virus passed from birds to humans.

바이러스가 새들로부터 인간으로 전파된 것으로 보인다.

It appears that we are not going to get the bonus this summer.

우리는 이번 여름에 보너스를 받지 못할 것으로 보인다.

It appears that the Trojan computer virus originated from China.

트로쟌 컴퓨터 바이러스는 중국에서 처음 시작된 것으로 보인다.

Street English

Fifty-fifty. 반반입니다.	**What's good here?** 여기서 잘하는 것이 무엇이지요?	**You wanted to see me?** 나를 보자고 하셨나요?
No big deal! 별거 아냐!	**It won't be long.** 오래 안 걸려.	**Don't boss me around.** 나에게 이래라 저래라 하지 말아.
Nothing new. 새로운 것은 없어요.	**Long time no see.** 오랜만입니다.	**I'll get back to you.** 나중에 다시 연락 드리죠.

● 기본 문장 99번을 응용하는 문장과 짧은 회화 문장을 공부한다.

⑨ THE NILE RIVER

Now that ~ : 자, 이제는 ～이다.

Now that all my children are in college, I have a lot of free time to do this kind of thing.

자, 이제는 나의 아이들 모두 대학에 있기 때문에 나는 이런 종류의 일을 할 수 있을 만큼 많은 자유시간이 생겼어요.

Now that everybody is here, why don't we go?

자, 이제 모두 여기 모였으니 그만 가지 그래요?

Now that this project is over, what will you do?

자, 이 프로젝트가 끝났으니 넌 뭘 할거야?

Now that you bought a house, what will be next?

자, 이제 집을 샀으니 너의 다음 번 목표는 뭐니?

Now that you got your car, where do you want to go?

자, 이제 네 차를 가졌으니 어디에 가기를 원하니?

Now that you've finished college, what are you going to do?

자, 이제 당신의 대학시절도 끝났으니 앞으로 무엇을 할 것인가요?

Now that everybody is here, why don't we start the meeting?

자, 이제 모든 사람이 여기 있으니 우리 회의를 시작할까요?

Now that you have stopped drinking, your main problem is not to start again.

자, 이제 네가 술을 끊었으니 너의 중요한 문제는 다시 시작하지 않는 것이다.

Now that Christmas is just around the corner, the malls are getting packed.

자, 이제 크리스마스가 가까워 오기 때문에 쇼핑 가게들이 사람들로 북적인다.

Now that all of my children went away to college, I have a lot of empty rooms in my house.

자, 이제 나의 아이들이 모두 대학에 갔기 때문에 나는 집에 많은 방을 가지고 있다.

Street English

Be punctual!	**What's the point?**	**Don't boss me around.**
시간 좀 맞춰.	요점이 뭐지요?	나한테 이래라 저래라 하지마.
Not so good.	**How much is this?**	**I have got to go now.**
썩 좋지 않아.	이것은 얼마지요?	난 가야겠어요.
Most likely.	**So much for that.**	**I am scared to death.**
아마도 그럴 것입니다.	이제 그 일은 그만 하지요.	난 무서워 죽겠어요.

04

50+50 English
영문법 정복하기 예고편

이제까지 우리는 1장에서 100개의 단어를 암기하는 방법,
2장에서 한국어와 영어로 100개의 기본 문장을 기억하는 방법,
3장에서 기본 문장을 응용한 900개의 영어 응용 문장과
역시 900개의 짧은 영어회화 문장들을 공부했다.
이제 4장에서는 어떻게 해야 우리가 실용적인 영문법을 마스터 할 수
있는지에 관해 살펴보고자 한다.

이 책의 자매책인 〈50+50 English 영문법〉에서는
실용적인 영어를 하기 위해서 필요한 기본적이고 필수적인 영문법의
내용을 요약해서 영문법 숲, 어순 차트, 그리고 영어의 기본 원리를
담은 차트를 가지고 설명한다.
100개의 기본 문장이 쉽게 기억되었다면 이번에는 영문법을
확실하게 만들 차례이다. 영문법이 확실하게 자리를 잡고 있지
않으면 암기한 문장을 응용하는 데 지장이 있고
실용적인 영어 사용에 있어 늘 제한적이 될 수밖에 없다.

많은 분들이 단순한 암기로 어느 정도 영어를 할 수 있을 것으로
생각하곤 한다. 물론 기초적인 영어 정도는 암기로 어떻게 해볼 수
있지만 여러분의 심중에 있는 생각이나 감정을 바르게 전달하기
위해서는 영문법이 절대적으로 필요하다.

50+50 English의 학습효과를 높이기 위해서는
반드시 책과 동영상 강의를 함께 보아야 합니다.

이 책 〈50+50 English〉와 자매책인 〈50+50 English 영문법〉을
마스터 하면 기본적인 실용영어는 끝나게 될 것이다. 이 두 권의
내용을 충실하게 공부하면 30분 이상 영어로 말할 수 있게 된다.
실제로 저자가 강의하고 있는 학원에서 이 두 권에 해당하는 내용의
강의로 그런 성공을 거둔 학생들이 많다.

여기 4장에서는 간단하게 다음 책 〈50+50 English 영문법〉에서
다루는 내용을 소개한다. 어디까지나 영문법을 능숙하게 내것으로
만들기 위해서는 〈50+50 English 영문법〉의 책과 동영상 강의를
따라 해야 한다.

영문법을 확실하게 이해하기 위해서는 '영문법 숲'의 내용을 이해하고
그것을 그릴 수 있어야 한다. 영문법 숲은 영문법의 기본적인
사항들이 어떻게 연결되어 있는지를 보여주는 그림으로 1~3 단계로
되어 있으며, 30개의 영문법 항목이 담겨 있다. 이 30개의 영문법
항목에 대해서 잘 이해하고 사용법을 익히면 영어라는 언어의 기본
구조를 익히게 되어 영어를 잘할 수 있게 된다.
영어를 잘하기 위해서는 영문법도 습관이 되어야 한다. 다음에
나오는 내용을 확실하게 이해하면서 영문법 습관을 들여보자.

● **영문법 숲 1단계**　아래의 내용들은 동영상 강의를 전제한 것이다.
　　　　　　　　　　반드시 동영상 강의를 참고하면서 다음 내용을 공부하도록 한다.

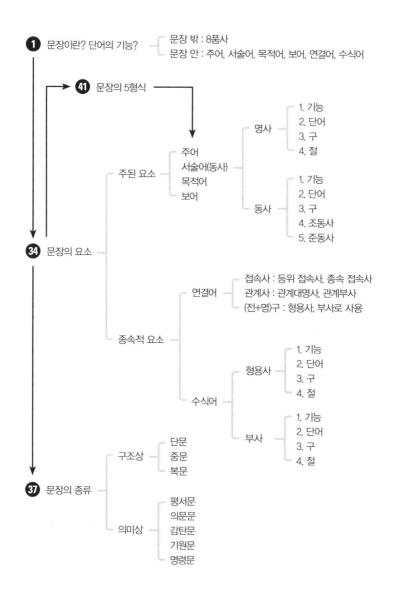

❶ 문장이란? 단어의 기능?
　　문장 밖 : 8품사
　　문장 안 : 주어, 서술어, 목적어, 보어, 연결어, 수식어

❹❶ 문장의 5형식

❸❹ 문장의 요소

주된 요소
　주어
　서술어(동사)
　목적어
　보어

명사
　1. 기능
　2. 단어
　3. 구
　4. 절

동사
　1. 기능
　2. 단어
　3. 구
　4. 조동사
　5. 준동사

종속적 요소

연결어
　접속사 : 등위 접속사, 종속 접속사
　관계사 : 관계대명사, 관계부사
　(전+명)구 : 형용사, 부사로 사용

수식어

형용사
　1. 기능
　2. 단어
　3. 구
　4. 절

부사
　1. 기능
　2. 단어
　3. 구
　4. 절

❸❼ 문장의 종류

구조상
　단문
　중문
　복문

의미상
　평서문
　의문문
　감탄문
　기원문
　명령문

● 영문법 숲 2단계

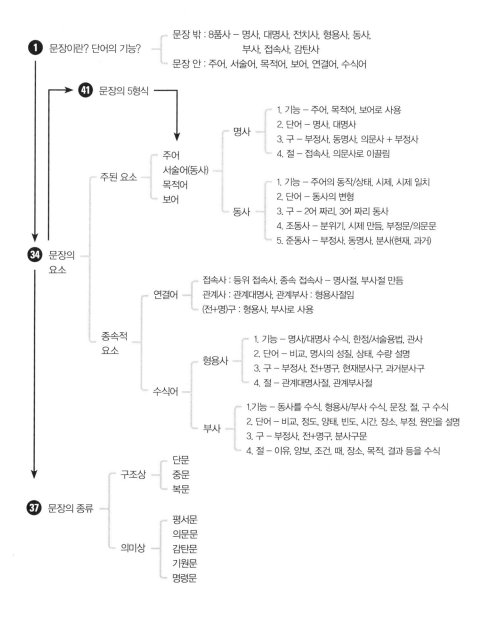

1 문장이란? 단어의 기능? ─ 문장 밖 : 8품사 – 명사, 대명사, 전치사, 형용사, 동사,
　　　　　　　　　　　　　　　　　　　 부사, 접속사, 감탄사
　　　　　　　　　　　　　└ 문장 안 : 주어, 서술어, 목적어, 보어, 연결어, 수식어

41 문장의 5형식

34 문장의
요소

주된 요소 ┬ 주어
　　　　　├ 서술어(동사)
　　　　　├ 목적어
　　　　　└ 보어

명사 ┬ 1. 기능 – 주어, 목적어, 보어로 사용
　　 ├ 2. 단어 – 명사, 대명사
　　 ├ 3. 구 – 부정사, 동명사, 의문사 + 부정사
　　 └ 4. 절 – 접속사, 의문사로 이끌림

동사 ┬ 1. 기능 – 주어의 동작/상태, 시제, 시제 일치
　　 ├ 2. 단어 – 동사의 변형
　　 ├ 3. 구 – 2어 짜리, 3어 짜리 동사
　　 ├ 4. 조동사 – 분위기, 시제 만듬, 부정문/의문문
　　 └ 5. 준동사 – 부정사, 동명사, 분사(현재, 과거)

종속적
요소

연결어 ┬ 접속사 : 등위 접속사, 종속 접속사 – 명사절, 부사절 만듬
　　　 ├ 관계사 : 관계대명사, 관계부사 : 형용사절임
　　　 └ (전+명)구 : 형용사, 부사로 사용

수식어 ┬ 형용사 ┬ 1. 기능 – 명사/대명사 수식, 한정/서술용법, 관사
　　　　│　　　 ├ 2. 단어 – 비교, 명사의 성질, 상태, 수량 설명
　　　　│　　　 ├ 3. 구 – 부정사, 전+명구, 현재분사구, 과거분사구
　　　　│　　　 └ 4. 절 – 관계대명사절, 관계부사절
　　　　└ 부사 ┬ 1.기능 – 동사를 수식, 형용사/부사 수식, 문장, 절, 구 수식
　　　　　　　 ├ 2. 단어 – 비교, 정도, 양태, 빈도, 시간, 장소, 부정, 원인을 설명
　　　　　　　 ├ 3. 구 – 부정사, 전+명구, 분사구문
　　　　　　　 └ 4. 절 – 이유, 양보, 조건, 때, 장소, 목적, 결과 등을 수식

37 문장의 종류

구조상 ┬ 단문
　　　 ├ 중문
　　　 └ 복문

의미상 ┬ 평서문
　　　 ├ 의문문
　　　 ├ 감탄문
　　　 ├ 기원문
　　　 └ 명령문

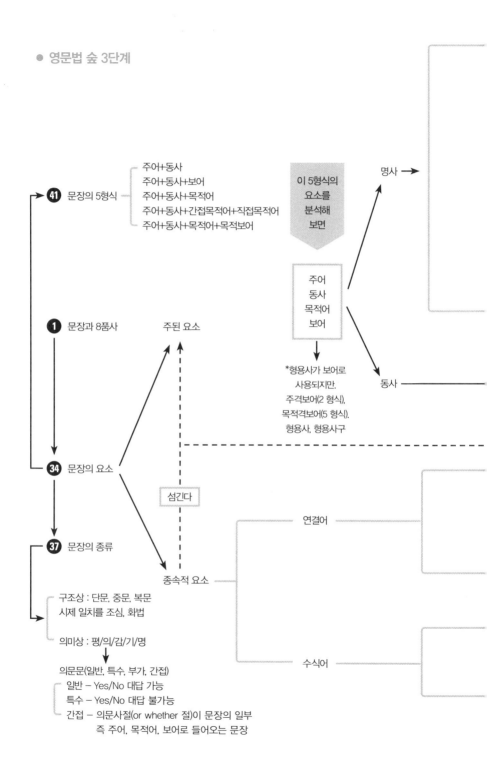

41 문장의 5형식

- 주어+동사
- 주어+동사+보어
- 주어+동사+목적어
- 주어+동사+간접목적어+직접목적어
- 주어+동사+목적어+목적보어

이 5형식의
요소를
분석해
보면

명사 →

주어
동사
목적어
보어

동사

1 문장과 8품사

주된 요소

*형용사가 보어로
사용되지만,
주격보어(2 형식),
목적격보어(5 형식),
형용사, 형용사구

34 문장의 요소

섬긴다

연결어

37 문장의 종류

종속적 요소

수식어

- 구조상 : 단문, 중문, 복문
  시제 일치를 조심, 화법

- 의미상 : 평/의/감/기/명
  ↓
  의문문(일반, 특수, 부가, 간접)
- 일반 – Yes/No 대답 가능
- 특수 – Yes/No 대답 불가능
- 간접 – 의문사절(or whether 절)이 문장의 일부
  즉 주어, 목적어, 보어로 들어오는 문장

기능: 문장 중에서 주어, 목적어, 보어로 사용.

단어
├ 명사
│   ├ 가산명사
│   │   1. 보통명사
│   │   2. 집합명사 ──→ 소유격 : 생물 – A's
│   │   무생물 – A of B
│   ├ 불가산명사
│   │   3. 고유명사   주격=목적격 같음.
│   │   4. 추상명사   이중,개인 소유
│   │   5. 물질명사   명사의 변환
│   │   물질명사의 복수 등등
│
└ 대명사
    부 – 부정대명사 – One, Some, Any, other, All,both,every 와 not (부분부정)
    *관 – 관계대명사 – who(사람), which(사물), That(공통), 형용사절 이끔.
    의 – 의문대명사 – 관대–that과 동일(의문형용사 : what, which, whose)
    인 – 인칭대명사 – 인칭, 격, 수, 소대, 재대, it 용법 중요
    지 – 지시대명사 – this, that, 특히 it∼ that ; that 은 형용사, 부사, 명사절 이끌수도

명사구 ──→
To 부정사 – 미래지향적 용법, 형/부/명사로 사용. 관용구 공부 필요.
동명사 – 과거지향적 용법, 명사로 사용. 관용구 공부 필요.
의문사 + 부정사

명사절 ──→
That ; if / whether or not (if는 목적절로만 사용).
의문사 9 : 의문대명사 – 사람과 사물
           의문부사 – 이유, 방법, 시간, 장소: 간접의문문으로

기능 – 주어의 동작이나 상태 표현, 자/ 타동사, 12 시제, 시제 일치,
단어 – 동사의 활용: 원형, 현재형, 과거형, 현재분사형, 과거분사형
구 – 2어 동사구, 3어 동사구
*조동사 – Can, May, Must, Will, Shall(do, be, have도 조동사로 사용), 의문, 부정, 미래, 완료, 진행
*준동사 – (1) to 부정사, (2) 동명사, (3) 분사: 현재분사 : be + 현분(진행형) ;
           과거분사 (Have + 과거분사 (완료); Be + 과거분사 (수동태).

- -

접속사 ──→
등위 접속사 – and, or, but – 병치법 주의, 절을 연결하면 독립적인 중문 만듬.
종속접속사 ──→ 명사절을 이끄는 접속사 – that, if/whether
                 부사절을 이끄는 접속사 ──→
                     이유 – because
                     양보 – although
                     조건 – if
                     때 – when
                     장소– where
                     목적 – so that
                     결과 – so ∼ that

관계사 ──→
*관계대명사 : 선행사 : 사람/사물 – who, which, what, whom, that
관계부사 : 선행사 : 이유, 방법, 시간, 장소 – why, how, when, where
관계사의 용법은 한정적, 계속적 용법이 있다.

전 + 명구 ──→ 문장 중에서 형용사나, 부사로 사용

형용사
기능 : 명사와 대명사를 수식하는 단어, 용법 (한정, 서술적 → 보어로 사용)
단어 – 관사 (a, the), 비교(원급/비교급/최상급),
구 – to 부정사, 전 + 명구, 현재분사구, 과거분사구
절 – 관계대명사, 관계 부사절 (선행사 생략되면 명사절), 계속적 용법은 관계부사의 이유, 방법에는 없다.

부사
기능: 동사 수식, 형용사와 다른 부사 수식, 구, 절, 문장 전체 수식.
단어 –비교(원/비/최), 단순부사 – 정, 양, 빈, 시, 장, 부정, 원인 ; 의문부사, 관계부사 ──→
구 – to 부정사, 전 + 명구, 분사구문
절 – 접속사: 이유, 양보, 조건, 때 – 장소 목적, 결과.
     이유 – Why
     방법 – How
     시간 – When
     장소 – Where

영어는 한국어와 어순이 다르다. 한국어는 S+O+V(주어+목적어+동사) 형태이지만 이에 비해 영어는 S+V+O(주어+동사+목적어)의 배열을 기본 구조로 갖는다. 어순의 구조가 어떻게 다르며 어떻게 문장을 구성하는지를 이 어순 차트를 통해서 배우도록 한다.

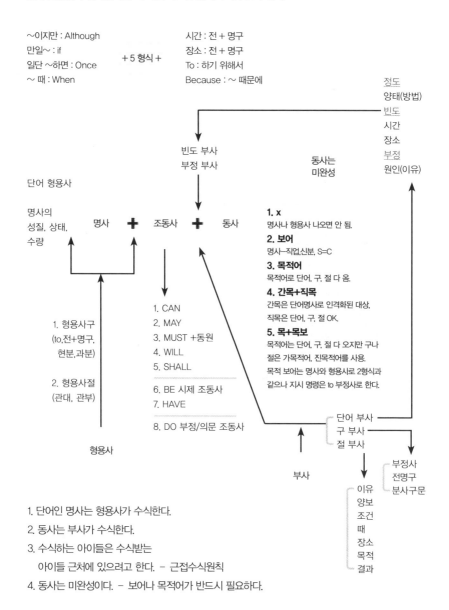

1. 단어인 명사는 형용사가 수식한다.
2. 동사는 부사가 수식한다.
3. 수식하는 아이들은 수식받는
   아이들 근처에 있으려고 한다. – 근접수식원칙
4. 동사는 미완성이다. – 보어나 목적어가 반드시 필요하다.

● 영어의 기본 원리

다음은 영어의 기본 원리를 도표로 나타낸 것으로 영어 문장이 갖는 기본적인 구성 원리를 시각적으로 강조한 것이다. 영어를 할 때는 이 원칙이 어디에서나 어떤 문장에서나 적용됨으로 반드시 기억하고 있어야 한다.

명사 – 동사의 기본 원리 : 문장 분석의 원리   영어의 원리

> 영어의 주된 요소는 명사와 동사이다. 이들을 다룰 때 다음과
> 같은 내용을 반드시 숙지해서 습관화시키는 것이 중요하다.
> 어느 영어 문장에서도 이와 같은 기본 원리가 적용된다.

단위별 문장의 개념.

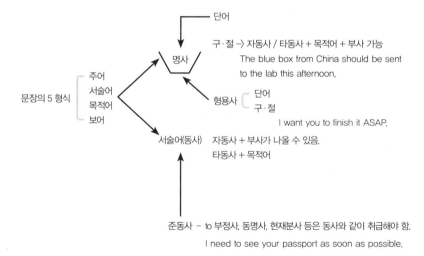

단어

구·절 → 자동사 / 타동사 + 목적어 + 부사 가능
The blue box from China should be sent
to the lab this afternoon.

명사

형용사 ── 단어
　　　　　 구·절
　　　　I want you to finish it ASAP.

문장의 5 형식 ── 주어
　　　　　　　　서술어
　　　　　　　　목적어
　　　　　　　　보어

서술어(동사)　자동사 + 부사가 나올 수 있음.
　　　　　　　타동사 + 목적어

준동사 – to 부정사, 동명사, 현재분사 등은 동사와 같이 취급해야 함.
I need to see your passport as soon as possible.

● 5형식의 사용법

5형식이란 평서문을 어떻게 구성하는지 그 구성 형식에 따라 나눈 것으로, 어떤 생각이 어떻게 어떤 형식으로 표현되어야 한다는 것을 훈련하는 데 있어 좋은 자료이다. 기본적인 5형식 문장을 확실하게 익혀둘 필요가 있다.

1형식	사람과 사물의 위치를 나타낼 때	There is a book on the table. Your computer is in your car.
	사람과 사물의 간단한 동작을 나타낼 때	John and Michelle went to the zoo. He worked very hard to make money.
2형식	사람의 직업을 나타낼 때	He is a teacher. Michelle is an artist.
	사람이나 사물의 상태를 나타낼 때	She is busy now. This is very interesting.
	사람이나 사물의 소속, 신분을 나타낼 때	He is my boss. The man with the newspaper is my uncle.
	주어 = 보어 ~이다를 나타낼 때	My point is that we have to go now. To know Michelle is to love her.
3형식	목적어를 필요로 하는 동작을 할 때	I ate an apple last night. John won the race again.
	목적어에 대한 주어의 입장을 표시하고자 할 때	I love her very much. I hate him for no apparent reason.
	어떤 물건을 보내거나 받거나 할 때	I gave a book to her. I received your mail.
4형식	누군가에게 물건이나 사람을 보내거나 사줄 때	I send her a postcard. He gave me some apples the other day.
	누구가에게 물건을 만들어주거나 사주거나 할 때	I bought her a cell-phone. My mother made me a shirt.
	누군가에게 뭔가를 제공하고자 할 때	I offered him a position in my company. He taught me how to drive a car.
5형식	목적어에 대한 직업을 나타낼 때	He made her a doctor. We elected him our leader.
	목적어에 대한 상태, 성질을 설명하고자 할 때	I found John very sick. I saw John cross the street.
	목적어에 대한 소속 및 신분관계를 설명하고자 할 때	John found Richard to be a good husband. Michelle thought John a good friend of hers.

〈50+50 English 영문법〉에서는 이런 기본적인 영문법의 내용을 바탕으로 영문법이 완전히 습관이 될 수 있도록 책의 내용이 구성된다. 그 책에서 공부한 영문법으로 다시 〈50+50 English〉의 기본 문장 100개, 응용 문장 900개를 확실하게 익힌다면 이제 실용적인 영어 사용에 있어 자심감을 가져도 좋다.

〈50+50 English〉에서
〈50+50 English 영문법〉으로

이 책은 100개의 기본 단어, 100개의 기본 문장을 암기하고 그 100개의 기본 문장에 대한 응용 문장 900개와 짧은 회화 문장 900개가 여러분 것이 되도록 훈련하는 책이다.

문장을 1,000개 암기했다고 영어 문제가 모두 해결되는 것은 아니지만 이미 이 책을 다 따라온 것만으로 영어에 일정한 실력과 자신감이 붙었을 것이다. 그러나 '50+50 English 학습법'은 단지 영어 문장의 암기 훈련법을 소개하는 것이 아니다. 이 '50+50 English 학습법'의 목적은 개인이 갖고 있는 영어 문제를 해결해서 누구나 실용영어를 훌륭하게 구사하도록 만드는 것이다. 그래서 기본 문장과 응용 문장 암기와 더불어 영문법을 마스터 하도록 되어 있다.

이 책은 그를 위한 두 권 시리즈의 첫 번째 책이다. 이 책을 통해서 100개의 기본 문장과 그것을 응용한 900개의 문장들을 암기하고, 영문법 책을 통해서 기본적인 영문법을 마스터 한다면 실용영어가 더이상 어렵게 느껴지지 않을 것이다. 이 두 권의 책으로 영어가 여러분의 삶의 질을 높이게 되는 데 기여하기를 바란다.

50+50 English
샘 박 Sam Park 지음

1판	1쇄 2001년 11월 15일
1판	30쇄 2008년 6월 7일
개정판	1판 1쇄 2008년 9월 15일
개정판	1판 8쇄 2018년 4월 10일

펴낸이	이영혜
펴낸곳	디자인하우스
	서울시 중구 동호로 310 태광빌딩
	우편번호 04616
대표전화	(02)2275-6151
영업부 직통	(02)2263-6900
팩시밀리	(02)2275-7884
홈페이지	www.designhouse.co.kr
등록	1977년 8월 19일, 제2-208호

편집장	최혜경
편집팀	정상미
영업부	문상식, 채정은
제작부	이성훈, 민나영

디자인	디자인발전소

디자인하우스 콘텐츠랩

본부장	이상윤
아트디렉터	차영대

출력·인쇄	(주)대한프린테크

ISBN 978-89-7041-985-5
값 13,800원